Handbuch zum Menschsein

Impressum

© 2024 by Silverline Publishing
Druck: Libri Plureos GmbH,
Friedensallee 273, 22763 Hamburg
Cover- und Buchgestaltung: Anja Jakob; www.ey-jay.com
Lektorat: Birgit Groll, www.birgit-groll-coaching.de
ISBN: 978-1-7378-3007-8

Kontaktinfo: contact@silverline-publishing.com

Bücher aus der Silverline Publishing gibt es in jeder Buchhandlung und in den bekannten Online-Shops.

Alle Rechte vorbehalten

Inhaltsverzeichnis

Prolog		8
Vorwort		12

Handbuch

Erkenntnisse

1:	Wir sind nicht alle gleich	18
2:	Du hast nicht viel Zeit	20
3:	Planet Bewertung	22
4:	Kostümball	24
5:	Wir geben den Dingen eine Bedeutung	28
6:	Erkenntnisschock	32
7:	Energie - Deine Währung	34
8:	Inkarnation	38
9:	Wandelzirkus	40
10:	Reden ist Gold	44
11:	Hoffnungsjagd	48
12:	Motivationskampf	52
13:	Schicksalsschlüssel	54
14:	They don't really care about you	56
15:	Chemiebewusstsein	62
16:	Freiheit oder Dienerschaft	66
17:	Das große Jammern	72

18:	Opferkult versus Eigenverantwortung	76
19:	Die Schuldfrage	78
20:	Haltungsentscheidung	80
21:	Kinderperspektive	82
22:	Das große Warten	84
23:	Geben versus Nehmen	86
24:	Wahrheitswahrheit	90
25:	Die kosmische Hilfsformel	92
26:	Guter Rat ist teuer	96
27:	Freundesrat - Gefahrenrat	100
28:	Die falsche Attraktion	102
29:	Leichengötzen	104
30:	Oberflächenrauschen	108
31:	Der Nabel der Welt	110
32:	Die Hybris der Erwartungshaltung	112
33:	Wer bist du wirklich?	116
34:	Wahre Freunde - Wahre Liebe	118
35:	Spiegelkabinett	120
36:	Sinnsucher	122
37:	Angst fressen Seele auf	124
38:	Der tägliche Aufruf ganz du selbst zu werden	128
39:	Die Illusion der Projektion	130
40:	Einzigartigkeit	134
41:	Lügen haben einen Grund	136
42:	Wie Frauen fühlen	138
43:	Wie Männer fühlen	142

44:	Die Falle des Vergleichens	146
45:	Die Chance des Unbequemen	148
46:	Zeit - dein ganz besonderes Geschenk	152
47:	Nutznießer	156
48:	Schicksalswerkzeuge	160
49:	Die Ausdauerprüfung	164
50:	Die faule Tomate	168
51:	Vertrauensprüfung	172
52:	Der Tanz der Aufmerksamkeit	174
53:	Gefährten	178
54:	Die unsichtbare Krankheit des Geistes	182
55:	Fluch oder Segen	189
56:	Freundschaft	192
57:	Netzwerken	196
58:	Erfolg	198
59:	Sex	202
60:	Leiden	204
61:	Vorsorge	206
62:	Spezialisierung	208
63:	Wohlstand ist kein Zauberwerk	210
64:	Überlastung der Menschen	212
65:	Tanz der Resonanzen	216
66:	Erkenne Faschismus, wo er dir begegnet	220
67:	Freudentanz	222
68:	Leben und leben lassen	224
69:	Verschwende nicht dein Leben	228
70:	Liebe	232

Die Schlüssel

Das A und O   237
Die täglichen Schlüssel   238

Nachwort   242

Weitere Werke   248

Ich schreibe dieses Buch aus meiner Perspektive, und ich habe dabei nicht den Anspruch, dass diese Perspektive jedem gefallen oder für jeden verständlich sein muss. Da ich aber Zeit eines Lebens niemandem begegnet bin, der diese Sicht auf die Welt hatte, geschweige denn sie teilen konnte, ist es mehr als an der Zeit, dass ich das tue. Schlicht und ergreifend aus dem Grund, dass jede einzelne dieser Informationen, die hier festgehalten werden, den Leser viel besser auf das Leben vorbereitet, als ich das erlebt habe und bei anderen beobachte.
Die Kinder dieser Welt werden taumelnd, fast blind und taub in das Spiel des Lebens entlassen. Überhaupt nicht allumfassend informiert über die Untiefen, Irrungen und Wirrungen des Mensch-seins.
Ich möchte das beenden. Euch einweihen in die Spezies Mensch und dabei mit nichts an Wahrheiten zurückhalten, um euch zu schützen. Ich möchte sie euch ganz klar und transparent aufzeigen, um euch durch diese Einweihung wirklich zu schützen - vor dem Wesen Mensch.
Ich bin in dieses Leben inkarniert voller Hoffnung, Zuversicht und Neugier.
Ich wollte sie kennenlernen - die Menschen.
Ich wollte mit ihnen sein, mit ihnen lachen, sie verstehen, sie lieben.
Ich war (und bin es vielleicht immer noch) die pure Naivität. Und diese Naivität ist mein Lackmustest. Ich tauche den Indikatorstreifen in die Masse Menschheit und schaue, wie sie reagiert, was sie tut, wie sie agiert, wie sie lenkt und blockiert, wie sie kreiert und wieder

vernichtet, was sie kreiert hat. Wie sie Krieg und Morden als selbstverständliche Werkzeuge sogar sich selbst gegenüber einsetzt, ohne darüber bestürzt zu sein. Wie die Einen ihre eigene Art unterdrückt und missbraucht, sie durch Hysterie manipuliert und die Anderen Masken tragen, die das Gegenteil behaupten, aber genau das Gleiche tun. Wie sie über Egomanie und Gier wirklich alle Regeln des Miteinanders und füreinander Daseins, und damit der Liebe, dauerhaft brechen. Ich staune dabei täglich mehr, doch vor allem bin ich eines - sehr traurig. Denn sie antworten auf Liebe nicht mit Liebe. Sie antworten auf Hinwendung nicht mit Hinwendung,

Sie antworten „mit sich selbst" und einer extrem egoistischen Wahrnehmung. In jeder Entscheidung, die sie treffen, geht es um IHR - und nur um IHR! - Überleben. Dabei werden jegliche Empathie-Potentiale gelöscht und man zerfetzt sich gegenseitig in Wort und Tat, bis zum Tod.

Die hier festgehaltenen Gedanken sind mein Resümee nach einem halben Leben in naiver Hingabe und Liebe, mit offenen Armen, wirklichem Interesse an ihrem Wesen sowie Neugier auf der Suche nach der Wahrheit. Nach dem, was sie wirklich sind. Nach dem Kern in ihnen.

Ob der Mensch gut oder schlecht ist, war dabei nicht einmal die Frage, sondern es ging nur um das Verstehenwollen, was Menschen antreibt, und wie es das tut.

Und meine Zeilen hier sind ein Ergebnis, das dich

schützen soll. Dich schützen soll vor den Grausamkeiten dieser Spezies und dir Wegweiser geben will, wie du mit diesen unveränderbaren Komponenten umgehen könntest.

Doch bleibe ich dabei immer in der mir gegebenen großen Kraft der Liebe, weil sie beschützen will, was sie liebt. Denn bei aller Klarheit, mit der ich auf dieses „Theater Mensch" schaue, sie durch-schaue und dabei so viel Grausamkeit erkenne, ist genau dieses Teilen, das Geben dieser Einsichten ein ausschließliches Geschenk aus Liebe an die Menschheit.

Diese meine Perspektive soll helfen, dass du besser vorbereitet in die „Arena Leben" startest, in ihr wirkst und deine Gegner genau kennst, noch bevor sie es tun. Sie soll dir helfen, deine Entscheidungen mit einer viel größeren Bandbreite an Wissen bezüglich der Glaubensmuster und deren Kräfte zu treffen, als so manch Nichteingeweihter das tut. Sie soll dir Leitplanke sein in einem Leben voller unberechenbarer Herausforderungen, überraschenden Wendungen, ohnmächtigen Situationen, Achterbahnfahrten der Gefühle und magischen Begegnungen.

Schicksal ist nicht nur, was du daraus machst, es ist vor allem, wie gut du die Mitspieler kennst!

Daher überreiche ich dir hier in tiefster Liebe und innigstem Mitgefühl meinen Beipackzettel für dein Leben. Jedes einzelne Kapitel ist ein Gewürz - und du kreierst das Mahl.

Nimm dir Zeit zum Lesen, verinnerliche die Botschaften und bewahre dir deine Offenheit für diese sehr klare Sicht auf das Leben auf Mutter Erde. Setzt du all dies weise ein, wird dein Leben erfüllt sein von Glück und Zufriedenheit. Spiele es, aber spiele es weise.

Sylvia Leifheit

Vorwort

Drei Dinge bestimmen dein Leben maßgeblich, und alle drei interagieren miteinander. Es kann also nicht nur eines für sich entscheidend dein Schicksal lenken, sondern immer alle drei in ihrem Zusammenspiel.

1) Deine Emotionalität - Dein Geburtsrucksack
Ob du eher ein ruhiges Gemüt oder eine hitzige Seele bist, bestimmt maßgeblich, wie du mit den Umständen des Lebens umgehst. Beispielsweise ist es für den Einen ein Weltendrama und er zettelt ganze Kriege an, weil er beleidigt wurde. Der Andere geht einfach in Abstand zu derartigen Respektlosigkeiten. Der Eine verlebt also sein Leben in Aggression und Kampf, der Andere erlebt die gleiche Lebensspanne meditativ, ruhig, friedlich und gelassen. Entscheidend hierfür ist ausschließlich die eigene Emotionalität.

2) Deine Kraft - Deine Individualitätsprägung
Das Energiepaket, mit welchem du inkarnierst, kennzeichnet den Startpunkt, von dem aus sich verschiedene Schicksalspotentiale überhaupt erst entfalten können. Jeder startet mit einem anderen Energiepotential in dieses Leben, weil jeder eine andere Vorprägung aus dem bzw. den letzten Leben mitbringt. Zusätzlich wirken die energetischen Komponenten wie „Verdienst" und „Erlaubnis", welche aber letztlich

auch nur eine weitere direkte Brücke in das bzw. die Vorleben darstellen.

3) Deine Sozialität - das Geburtsmonopoly

Ein Mensch, der in großer Armut geboren wurde, muss viel mehr Kraft aufbringen, um zu Wohlstand zu gelangen als ein anderer, der bereits in Wohlstand hinein geboren wurde. Meist bleiben die jeweiligen Sozialitäten „unter sich", was bedeutet, dass ein Ausbruch nach „oben", also aus der Armut in den Wohlstand hinein, bei weitem schwerer ist, als dass der reich Geborene nach unten fallen kann. Eltern und Elterngenerationen haben meist so feste Strukturen erschaffen, diesen Wohlstand nicht zu gefährden, dass ein derartiger Fall fast unmöglich ist. Aber er ist möglich.

Und so starten die einen von Startplatz Nr. 1 und die anderen verteilen sich dahinter. Doch die eigene Kraft und die Lernfähigkeit, mit der eigenen Emotionalität umzugehen, geben jedem die Möglichkeit, selbst von Startplatz Nr. 53 ein erfüllteres, liebevolleres und glücklicheres Leben zu leben, als derjenige, der durch seine Geburtssozialität von viel mehr Wohlstand umgeben ist. Der Kosmos ist fair. Er kennt keine Startplätze, weil er keinen Wettkampf fordert. Es sind die Menschen selbst, die meinen, nur durch Kampf sich selbst und andere motivieren zu können. Doch das Leben ist bei weitem mehr als nur ein Überlebenskampf. Und du bist auf dieser Reise an einem entscheidenden Punkt angekommen.

Du wachst auf.

Ich gratuliere dir und möchte dir in diesen ersten Stunden des Erwachens zur Seite stehen, dir erklären, wo genau du bist, und wie alles zu- und miteinander wirkt. Dich lehren, wie du dich zurechtfindest in diesem Dschungel der Realitäten, die letztlich alle nur in uns selbst entstehen, wachsen und sterben.

Ich danke dir für dein Vertrauen.

Sylvia Leifheit

Handbuch

1

WIR SIND NICHT ALLE GLEICH

Es mag ja sein, dass dieser Glaubenssatz in einer Zeit geschaffen wurde, wo den Menschen dadurch Zuversicht und Hoffnung auf mehr Frieden und Wohlstand vermittelt werden sollte. Grundsätzlich ist er jedoch sehr oberflächlich und bewegt sich in Betrachtungsperspektiven, die wir hier weit überholen.

Der Kosmos ist individuell, und niemand ist wie der Andere. Jede Energiequalität - man kann sie auch Seele nennen -, die uns lenkt und erfüllt, belebt und entscheiden lässt, ist so in dieser Form kein zweites Mal im Kosmos vorhanden.
Wer also identisch mit sich selbst und seinem tiefsten Innersten leben möchte, was bedeutet, ganz er selbst zu werden, der sollte vor allem als Erstes seine Individualität erkennen, lieben, fördern und zeigen.

Ein „wir sind alle gleich" ist vielleicht kurzzeitig hilfreich in einer Gruppe von Menschen, die ein temporäres (gleiches) Ziel verfolgen, um ihre Kräfte zu bündeln; tatsächlich ist es aber sehr begrenzend und sehr begrenzt wertend. Ähnlich wie andere sein zu wollen, unterdrückt den Kern unseres Seins, der in

Individualität Entfaltung und Ausdruck sucht. Vorsicht also vor falschen Zugehörigkeitsdynamiken!

Finde die Menschen, die dich wegen deiner Individualität lieben, und nicht, weil du dich verbiegst, um so zu sein, wie sie dich gerne hätten!

2

DU HAST NICHT VIEL ZEIT

Das Leben selbst, das Existieren in einem Körper, umgeben von Umwelteinflüssen und gesellschaftlichen Bewegungen, kostet viel Kraft und Aufmerksamkeit.

Arbeiten gehen, um Nahrung kaufen zu können, Reparaturen an Dingen, die kaputt gegangen sind, administrative Arbeiten, um die Sozialität zu erhalten, Streit und Missverständnisse im großen wie im kleinen Rahmen und noch so vieles mehr sind Dinge, die Kraft und vor allem Zeit rauben, die dir dann für die Realisation deiner Wünsche, Sehnsüchte und Hoffnungen fehlen.

Wenn wir geboren werden, sind wir noch voller Lebenskraft. Das Leben aber lenkt uns ab mit all diesen angeblichen Notwendigkeiten, und dabei verwandelt sich der Tatendrang der jungen Kraft in eine ruhigere, akzeptierende, also auch weniger „wollende" Energie.

Ich nenne das die „Jahreszeiten der Seelenkraft in uns".

Dies als Basis sollte man im Frühling und Frühsommer die Samen zur Realisierung seiner Träume setzen, im Sommer beständig an diesen arbeiten, um dann im Herbst die Früchte dieser konzentrierten Arbeit zu ernten und im Winter in Ruhe und

Frieden das Sein in dieser stilleren Energetik zu genießen.
Dies wissend, hast du nicht viel Zeit für die Realisation deiner Träume.
Jeder einzelne Tag zählt, nein, eigentlich jede Sekunde. Denn sie ist das, woraus der Tag entsteht.
Geh im Fluss der Energien mit ihren Potentialen und wisse immer: Deine Kraft wird sich verwandeln. In zehn Jahren von heute an schon, wirst du schon anders fühlen und anders „wollen". Und niemals in diesem Leben wird diese Energie mehr so viel Schubkraft haben wie in deinem Lebensfrühling und Sommer. Nutze diese Zeit. Nutze diese Jahre ganz intensiv, und gib die Samen deiner Zukunft zu dieser Zeit in Liebe und Respekt in den Nährboden des Schicksals.
Alles andere folgt dann dem großen Fluss des Wachstums und der Wandlung, wird „gedeihen machen", was gesund und kraftvoll ist, und wandeln, was sich noch nicht in seiner richtigen Form befindet.

Du wirst nicht den Frühling zum Herbst machen können oder den Winter in den Sommer holen können. Akzeptiere dies und nutze dieses Potential in seinem größten Geschenk, dass es ist, wann es ist, wenn es ist und wie es ist. Du wirst diesen Lauf der Energien nicht ändern können, daher gehe mit ihnen. Sei mit ihnen, realisiere deine Träume. Jetzt.

3

PLANET BEWERTUNG

Wer bewertet was?

Jeder Mensch glaubt, er sei das Zentrum des Universums. Das ist eine Folge des Empfindens einer Trennung von allem, was ist. Nur wer seine Aufmerksamkeit wirklich auf andere und deren Empfindung lenkt, durchdringt dieses Trennungsempfinden. Man nennt das Empathie. Dem einen gelingt das leichter, dem anderen weniger leicht - es ist eine Sache der Seelenqualität. Aber das ist ein anderes Thema.

Dies wissend, begegnen dir daher überwiegend Menschen, die in dieser Abgetrenntheit fühlen, denken und ihr Leben lenken. In diesem Empfinden bewerten sie auch. Dazu kommen Erwartungshaltungen, die zusätzlich so individuell sind, wie wir alle selbst, und meist werden diese auch nicht deutlich genug kommuniziert. Aber wie verheerend die fehlende, klare und ehrliche Kommunikation im Leben ist, ist auch nicht Thema dieses Kapitels.

Die meisten Menschen sind in ihrer Kindheit von bestimmten Glaubensmustern geprägt worden. Diese können etwas mit einer bestimmten Religionszugehörigkeit zu tun haben, oder ganz simpel mit der Familienstruktur oder der Form, wie man sein Leben zu gestalten hat - und natürlich noch mit vielem anderen mehr.

Es gibt daher viele Ursachen, die alle zur Folge haben, dass du Bewertungen ausgesetzt bist. Das gilt es zu akzeptieren und damit umgehen zu lernen, und das kannst du folgendermaßen:

Versuche aus jeglicher Emotionalität herauszugehen und die Situation so ruhig und klar wie möglich zu betrachten.
Betrachte denjenigen, der dich oder dein Schaffen bewertet, genauer. Ist es ein Mensch, der fehlerfrei ist? Ist es ein Mensch in Herzlichkeit? Ist es ein Mensch in Liebe? Oder ist es ein Mensch voller Gram, Hass, Neid und Negativität? Wer ist er?
Wechsle die Perspektive, so oft du kannst, und versuche dein Schaffen, dein Sein auch selbst einmal von außen zu betrachten - nicht aber zu bewerten. Wie wirkt das, was du getan hast oder bist nach außen? Setzt du deine Impulse bewusst oder bist du eher in Hast? Setzt du die Schritte in Liebe oder in Berechnung? Begegnest du den Menschen offen oder eher ängstlich?

Und wenn du dann Klarheit zu all diesen Fragen und Perspektivenvariablen hast, ordne diese Bewertung, die dir widerfährt, ein. Wie viel Bedeutung gibst du ihr, wie wenig Bedeutung gibst du ihr? Das kann entscheidend sein für dein ganzes Sein.

4

KOSTÜMBALL

Macht ist ein ganz besonderes Gewürz des Egos. Nicht geboren in Liebe und Respekt, sondern basierend auf Gier, Missgunst und Neid. Macht hat nie etwas mit „können" zu tun, sondern stets nur mit „dürfen". Und weil dieses Werkzeug eben nicht an Intelligenz, Empathie oder Bewusstheit gekoppelt ist, ist es das gefährlichste Werkzeug, das der Mensch erschaffen hat.

Menschen mit Macht bleiben unter sich, um sich diese „machtausübende Gesellschaft" zu bewahren. Und sie lassen so gut wie nie jemanden in diesen Zirkel. Das war beispielsweise schon immer die Basis dafür, dass früher eheliche Gemeinschaften nur als materielle Bündnisse geschlossen wurden und selten den Ansatz einer Liebeskraft in sich trugen. Der Adel blieb unter sich, wie so manche „Intelligenzschicht" auch heute noch gerne unter sich bleibt. Dabei geht es nicht um Nächstenliebe, Empathie oder Hilfestellungen - es geht lediglich um die Erhaltung der Zunft. Das Wahren des geschlossen Kreises der Macht.

Schau genau hin, wenn du so genannten Autoritäten begegnest. Diese Menschen sind oft nicht intelligenter, weiser, empathischer, liebevoller, gütiger oder kraftvoller als andere. Sie tragen lediglich dieses ganz spezielle Kostüm, diese Maske, um eine Funktion auszustrahlen, die dich unterwürfig machen soll. Du könntest genauso gut mit einer Maschine in einem Kostüm reden, sie wäre nicht weniger aber auch nicht mehr empathisch. Bedenke, das oberste Ziel dieser Maske ist es, ihr eigenes Überleben zu sichern, und sei es über die Ausbeutung und den Schmerz anderer - koste es, was es wolle. Demselben Menschen würdest du ohne seinem Kostüm nicht diese Unterwerfung entgegenbringen. Du würdest ihn als einen Menschen mit Haut und Haaren sehen. Seine Macht definiert sich also einerseits äußerlich über bestimmte Kostümierungen und andererseits durch den Kreis, der ihn beschützt.

Das kann beispielsweise ein orangefarbener Stoff sein, der einen dauerhaft grinsenden Menschen zu einem Glaubensvater macht, obwohl er sehr schlichte Dinge von sich gibt. Oder ein weißes Gewand auf vielerlei Stoffen, das von Reinheit erzählt, doch darunter beschmutzt ist mit dem Blut vieler Millionen Morde und immer noch andauernder Misshandlungen. Jemand anderes, der mindestens den gleichen Kontostand an Morden hat, tritt vielleicht in einem schwarzen Gewand auf. In unserem Alltag sind es meist die Anzüge, die ein derartiges Kostüm ausmachen. Ihrer Vielfalt sind keine Grenzen gesetzt, und sie haben alle nur eine Botschaft: „Diene mir, denn ich trage das Kostüm einer Gruppe von Menschen, die das beschlossen hat, dass es so zu sein hat."

Das alles könnte man mit Humor sehen, wenn diese Menschen nur leider ihre Positionen nicht so sehr zum Nachteil der Masse missbrauchen würden. Es wäre sehr interessant zu sehen, wie sie dies oder jenes beschließen, ihnen jedoch keiner folgt. Wie im Märchen von dem Kaiser, der seine neuen Kleider ausführt und alle seine Untertanen ihm nur eine Maske des Respektes zurückspiegeln – bis ein Kind die Wahrheit ausdrückt und ruft, dass der Kaiser ja gar nichts anhat.

Doch leider ist das Ganze nicht amüsant, sondern eher hoch bedenklich, dass 0,01 Prozent der Menschheit 99,99 Prozent der Menschheit misshandeln, um ihren Wohlstand nur ja nicht zu teilen.

Die eigentliche Formel der Kostümträger lautet nämlich: „Wir brauchen euch, um unser Überleben zu sichern. Und damit ihr uns das ermöglicht, machen wir euch Angst. Denn Angst ist das beste Werkzeug, euch kraftlos zu halten. Dann folgt ihr unseren (oft nicht intelligenten und eigennützigen) Impulsen, egal wohin."

Die Richter, die dein Leben lenken, sind also nur Schauspieler einer Idee, die nur ihnen von Vorteil ist. Nicht dir. Erkenne dieses Spiel und beende es. Entferne dich von dem, was dich verletzt, dir Energie nimmt und dich beängstigt. Finde vor allem dich selbst, deine Kraft und deine Bestimmung.

Sie liegt sicher nicht in einem Zombie - Dasein, in der Sklavenarbeit für andere.

5

WIR GEBEN DEN DINGEN EINE BEDEUTUNG

Oder auch nicht!

Das ganze Sein wird durch unseren Glauben bestimmt.
Der Glaube daran, dass etwas wertvoll ist. Oder der Glaube daran, dass etwas nicht wertvoll ist.
Egal in welche Richtung wir dieses Spiel lenken, letztlich ist es nur spielerisch zu sehen, da es ausschließlich ein Produkt unseres Geistes, unseres Denkens ist, ob etwas für uns Bedeutung hat oder nicht.

In der Kindheit wird uns die Bedeutsamkeit von Dingen auferlegt. Wir folgen den Werten anderer. Mehr und mehr kommen zusätzliche Einflussfaktoren hinzu, die ebenfalls alle nach Bedeutung schreien. Doch Bedeutsamkeit hat auch immer etwas mit Perspektive zu tun.

Ist man ganz nah an einem Menschen oder einem Projekt, haben diese Dinge im wahrsten Sinne des Wortes eine große Bedeutung. Änderst du aber die Perspektive, trittst ein wenig in den Abstand zu den besagten Dingen, kommen auch andere Dinge in deinen Fokus - und gewinnen dadurch an Bedeutung. Plötzlich scheint das, was eben noch so wichtig war, weniger wichtig. Dabei ist es noch genauso da wie vorher, nur hast du eben deine Aufmerksamkeit geweitet.

Und so ist das mit allem im Leben.
Angefangen bei den materiellen Gütern, wie Geld oder Eigentum im Generellen. All dies hat immer nur den Wert, den andere in diesem Gut sehen wollen. Früher war das Papiergeld mit einem Goldwert auf der Bank hinterlegt, es war also lediglich ein Papierzertifikat eines eigentlichen Rohstoffes - heute ist dies nicht mehr gegeben, es ist einfach nur noch Papier. Dennoch macht unser Glaube es weiterhin so wertvoll, als sei es Gold in unserem Besitz.
Jeder Edelstein dieser Welt, den du bei einem Juwelier in ähnlicher Form mehrfach kaufen kannst, ist nicht wirklich den Preis wert, den der Hersteller aufruft, weil die Einzigartigkeit gar nicht gegeben ist. Solange du aber daran glaubst, dass er diesen Wert hat, hat er diesen Wert. Verlierst du oder eine Gruppe von Menschen den Glauben daran, verliert er diesen Wert. Dabei ist er noch immer genauso schön anzuschauen und hat auch seine Qualität nicht geändert.

Doch unabhängig von diesen materiellen Gütern, die teilweise ja wirklich wahnwitzige Formen annehmen (siehe Tulpen etc.), können es auch ganz andere Dinge sein, denen wir Bedeutung geben, die aber aus einer anderen Perspektive gar keine Bedeutung haben. Die Religionen dieser Welt zeigen das in vielfacher Form. So gab es Zeiten, da wurden Menschen, die mit Kräuterwissen andere heilten, verbrannt, später dann wurde eine Hildegard von Bingen heilig gesprochen.

Zu einer anderen Zeit wurde ein Wissenschaftler, der gesagt haben soll: „Und sie dreht sich doch", ermordet (Galileo Galilei), während andere später als die Entdecker genau dieser Tatsache gefeiert wurden. Und in noch anderen Zeiten werden Wissenschaftler existentiell bedroht, weil sie eine andere Perspektive auf angeblich todbringende Krankheiten kommunizieren - es hat sich also nichts geändert auf dem Planeten der Affen.

Die Erkenntnis, dass du ganz alleine den Dingen Bedeutung gibst, oder auch die Bedeutung, die andere Menschen Dingen geben, annehmen kannst, ist eine der wichtigsten Überlebensformeln. Was andere für wichtig halten, muss nicht für dich wichtig sein. Was andere für wertvoll ansehen, gilt es zu respektieren, muss aber nicht für dich von Wert sein. Wem oder was andere eine Bedeutung geben, kann für dich völlig bedeutungslos sein.

Finde deine eigenen Werte und lebe nach ihnen. Gehe in den Abstand, wo man die Werte der Negativität, der Lüge, der

Angst und des Mordens als die einzige geltende Wahrheit übermittelt. Gib deinem Leben, deinem Wirken den Sinn, den du ihm geben möchtest, und bedenke dabei immer, die Perspektiven zu wandeln. Je weiter du deinen Geist öffnest, umso mehr werden sich die Werte in dir wandeln und du wirst die Werte der anderen anders betrachten, ihnen eine andere Bedeutung geben. Spiel dieses Spiel des Lebens immer mit dem Wissen, dass es nicht diese Werte sind, die dich ausmachen, sondern was du dabei erfahren, gelernt und für dich mitgenommen hast. Diese innere Erkenntnis ist letztlich dein einziger wirklicher Schatz, weil er völlig losgelöst von den Zeiten und Strukturen, Werten und Forderungen der jeweiligen Inkarnation mit dir reisen wird. Dies ist der einzige wirkliche Wert, dem du deine volle Aufmerksamkeit schenken solltest. Deiner Energie.

6

ERKENNTNISSCHOCK

Zu erkennen, dass Bedeutsamkeit ausschließlich ein Produkt unseres Geistes ist und damit über einen Entschluss und die darauf basierende innere Haltung gelenkt wird, kann eine letzte, sehr ernüchternde Erkenntnis nach sich ziehen:

Wenn du zurück schaust auf die vielen Leben vor deiner Zeit, die vielen Menschen, die meinten, ihrem Leben eine Bedeutung gegeben zu haben, die Gutes taten, Schönes erschufen, Großes vollbrachten oder auch Böses, doch niemand mehr von ihnen weiß - wenn du realisierst, dass von all den Menschen, die vor deiner und auch jetzt in deiner Inkarnationszeit wirkten und wirken, niemand davon weiß, niemand von ihnen redet und sie wie ein kurzer Windhauch in der Geschichte der ganzen Menschheit tatsächliche Bedeutungslosigkeit erfahren (zumindest aus unserer aktuellen Perspektive), dann kristallisiert sich eine Tatsache immer mehr heraus, und diese möchte ich dir hier mit auf den Weg geben: Dehne dein Bewusstsein und erkenne, dass dein Leben ein ganz kurzer Moment einer ganz langen Reise ist, auf der dein ganzes Wirken, dein ganzes Sein nicht von dem erfüllt wird, was du für andere erschaffen oder wie du dich anderen gegenüber verhalten hast, sondern nur von dem, was du, ganz alleine du, auf dieser Reise an Erkenntnissen (über Gefühle) gesammelt hast. Erkenntnisse der Fülle oder des Mangels. Erkenntnisse der Illusion oder der Desillusion. Erkenntnisse in Gelassenheit oder aus wilden Emotionen heraus. Erkenntnisse der Liebe oder des Hasses.

Ja, es sind die Emotionalitäten, die deine Erfahrungen auch prägen, aber es ist vor allem anderen die Energie, die du in dir formst. Ob du dabei Gemälde oder andere Objekte erschaffen hast, von denen keiner mehr weiß, weil sie zu Staub verfallen sind, ob du dabei Kriege geführt hast, von denen vielleicht noch in Geschichtsbüchern zu lesen ist, ob du dabei einem oder mehreren Menschen geholfen hast, ganz sie selbst zu werden, oder ihnen die Lebensenergie geraubt hast, all das hat KEINE Bedeutung mehr. All das wird vergessen, verschwindet in der Bedeutungslosigkeit eines menschlichen Lebens.

Daher nutze es, um dich in deiner besten Form zu erschaffen, an Energie zu wachsen, die Energie, die du bist, zu reinigen, um deine Reise noch schöner und erfüllter zu gestalten, denn um nichts mehr als diese einzige Essenz geht es im großen Meer der Energien.

7

ENERGIE - DEINE WÄHRUNG

Apropos Energie.
Wie du dich bewegst, wie du dich gibst, dich darstellst, wie du denkst, wie du entscheidest, wie du das Leben und seine dauerhafte Veränderung aufnimmst, mit ihr umgehst, wie du mit anderen Menschen umgehst, wie du sie erkennst oder völlig verkennst, welche Schritte du setzt, welche Ziele du verfolgst, welche Dinge du gibst, welche du zurückhältst, mit welcher Geschwindigkeit du Ideen anpackst, in welcher Art du auf Menschen zugehst, oder den Abstand auslebst, wie du und ob du überhaupt bewertest, wie andere ihr Leben gestalten und noch so vieles mehr ist alles Ausdruck deiner Energie. Deiner Seelenkraft. Sie ist die Energie, die du mit in diesen Körper bringst, die in Wechselwirkung mit dem Chi der Umwelt diesen belebt, aber sie ist auch die Energie, aus der all deine Impulse kreiert und gespeist werden. Wie eine Blume kann sie wachsen oder welken. Je nachdem wie du sie behandelst, sie wahrnimmst, dich ihrer annimmst und sie unterstützt. Dabei gibt es unendlich viele Faktoren, die alle zusammenwirken, diese Energie formen, aber letztlich ist es die Energie selbst, die entscheidet, welche der Faktoren sie wie aufnimmt, zulässt oder sich in Abstand begibt.

Diese Energie ist dein Schicksal.

Hast du viel Kraft in dir, wirst du beispielsweise mutiger und schneller sein als andere, die energieloser und damit angstvoller ihr Leben gestalten. Entscheidend ist die Energiequalität zum Zeitpunkt deiner Geburt (als Folge deines letzten Überganges/Tod). Startest du in dieses Leben beispielsweise mit viel Kraft, kannst du früher als andere deine Träume umsetzen. Es gilt dann dieses Kraftpotential zu pflegen, sonst verlierst du es. Startest du dein Leben aber mit etwas weniger Kraft, wird Angst deine größte Prüfung, denn wenn du diese überwindest, kannst du genauso unendlich viel Kraft anreichern wie andere, die mit mehr Kraft gestartet sind. Ein Limit an Energetik gibt es dabei nicht, nur unterschiedliche Startpotentiale.

Wichtig dabei ist auch zu verstehen, dass Energie nur aus sich selbst „heraus" wachsen kann. Allein schwarzmagische Werkzeuge können das Energiepotential eines anderen zeitweise beeinflussen, verändern oder verwandeln. (Doch das ist nicht Thema dieses Buches und wird so oder so den Ausgleich der Anwender einfordern, ist also nicht wirklich von Relevanz.) Nur wirklich tiefgreifende eigene Impulse der Reflektion, der Erkenntnisse und die eigene Wandlung können die individuelle Energie formen. Die Zutaten dazu sind: Bereitschaft, Aufmerksamkeit und Entschlossenheit. Und egal wie deine Kraft ist, wenn du diese drei Elemente in dir konzentrierst, sind dem Wachstum deiner Kraft keine Grenzen gesetzt.

Diese Kraft ist der Motor deines ganzen Seins. Sie bestimmt so gesehen dein ganzes Sein. Sie formt dein Leben und ist damit dein Schicksal. Je mehr Aufmerksamkeit du dieser Tatsache schenkst, umso mehr wird sich dein ganzes Empfinden wandeln. Die ganze Sicht auf das Leben sich verwandeln. Weil du mehr Kraft sammelst, mit dieser Kraft andere Impulse setzt, andere Entscheidungen triffst und daher ein ganz anderes Leben formst als ohne diese Kraft.

Doch das Allerschönste an diesem Werkzeug ist, dass sie dir keiner mehr nehmen kann. Außer du selbst. Behütest du also diesen Schatz, baust ihn auf und lässt ihn wachsen, erschaffst du etwas, das immer mit dir sein wird. Etwas, das du mit und ohne Körper, also in einer Inkarnation und auch danach behältst. Etwas, das du, nur du ganz alleine erschaffen und geformt hast. Wie eine eigene, deine einzigartige Währung ist diese Energie das, was dich ausmacht. Behüte sie, kümmere dich um sie und liebe sie … dann wird sie dir helfen, deine schönsten Träume lebendig werden zu lassen. Dies zu erleben wird dir so viel Freude schenken, dass du dich in einem Glückskreis befindest, der dir durch die viele Freude nur noch mehr Kraft schenkt und durch die angereicherte Kraft immer mehr freudige Momente. Das ist der Kreislauf des Seins. Steige in ihn ein, in Bewusstheit und Wissen über dieses alles entscheidende Werkzeug auf deiner Reise. Deine Energie.

8

INKARNATION

eine dauerhafte Manipulation

Ab dem Moment des Inkarnierens in den Körper beginnt die Reise der Manipulation deiner eigentlichen Energie. Zunächst ist es „nur" der Körper, der dir zwar einerseits Werkzeug in der Umsetzung deiner Ideen ist, aber auch einer ganz speziellen Aufmerksamkeit bedarf. Jeder Krümel Nahrung, jeder Schluck Trinken, jede Bewegung, jeder Gedanke, dem eine innere Haltung folgt, aber auch die genetischen Voraussetzungen, aus denen beispielsweise auch hormonelle Abläufe gespeist werden - all dies und noch so viel mehr ist auch Quelle deines Empfindens. Und dieses Empfinden bedingt deine ganze Wahrnehmung der Umwelt, der Menschen und der Situationen, die dir begegnen. Gehst du gelassen auf die Menschen zu, wirst du andere Antworten geben als in einem angespannten, aggressiven Zustand. Bist du erfüllt von einem freudvollen Gefühl, werden deine Worte, deine Impulse, deine ganzen Entscheidungen ganz andere sein, als dies geschieht, wenn du traurig, deprimiert und gefrustet bist.
Und dann bist du außerdem noch Teil eines „Systems Natur" wie auch Teil des „Systems Politik bzw. Gesellschaft".
Die natürlichen, energetischen Prozesse beispielswiese der Jah-

reszeiten, Wetterfühligkeit, Naturkatastrophen, manchmal einfach nur der Luftdruck sind beeinflussende Faktoren auf dein Empfinden.

Doch auch politische Strukturen und deren Menschengesetze lenken dein Leben. Du bist daher im Inneren deines Körpers wie auch von Außen dauerhaft beeinflusst und nie in einem Zustand der völligen Ungestörtheit.

Dies wissend, sollten die Impulse, die du eigenständig lenken kannst, so bewusst wie möglich gelebt werden, um nicht wie ein Zombie von A nach B taumelnd dein Leben zu verschlafen. Sei wachsam in jedem Moment. Das wird dich zwar nicht vor Fehlern bewahren aber es kann dich davor schützen, dass die Fehler unendlich groß werden und du an den Wellen ihrer Resonanzen viel Kraft verlierst.

9

WANDELZIRKUS

Der Kosmos ist Bewegung, weil er aus Energie in unterschiedlichen Zuständen besteht. Und Energie wandelt dauerhaft. Sie ist die Wandlung. Somit ist alles, was dich umgibt und natürlich auch du selbst, einer dauerhaften Verwandlung ausgesetzt. Die einzig beständige Komponente im Kosmos ist daher der Wandel.
Das bedeutet für dich, dass du vor allem eines unbedingt verinnerlichen und lernen solltest: Die Akzeptanz dieser Tatsache. Die Akzeptanz und vor allem die Offenheit für diese ewige Wandlung aller Dinge.

Dein Körper produziert dauerhaft neue Zellen und gleichzeitig sterben andere ab. Die Art wie du dich bewegst, deine Körperhaltung, deine Gesichtsmimik, die wiederum deine innere Haltung ausdrückt, die Pflege deines Körpers von innen und außen, der Schlaf, die Abnutzung des Muskelapparates und so vieles mehr - all dies ist LEBENDIG. Es bewegt sich, es ist dauerhaft in Bewegung, produziert weiter und weiter Körpermasse und verhält sich dabei wie ein Element aus tausend Elementen in einem Reagenzglas. Es wird geschüttelt und gerüttelt, mal mehr mal weniger, es wandelt in einer inneren Balance, oder in einem inneren Chaos - doch wird die Flüssigkeit, aus der dieses Element besteht, niemals in einem Zustand völliger Ruhe sein. Dieser Stillstand existiert nicht im Kosmos. Selbst im Sterbeprozess ist alles in dauerhafter Wandlung der Elemente.

Und so ist das auch mit den seelischen, inneren Komponenten. Ausgehend von der dauerhaften Manipulation, der du dauerhaft ausgesetzt bist, wandeln sich deine Bedürfnisse. Sie passen sich deinen Empfindungen an, oftmals aber auch den Umständen, die das Leben mit sich bringt. Gestern noch war es wichtig ein großes Auto zu haben, heute kann es sein, dass du gar keines mehr besitzen möchtest, weil die U-Bahn viel schneller ist. Gestern noch wolltest du unbedingt einen ganz bestimmten Beruf ausüben, heute schon kann es passieren, dass er völlig durch Maschinen ersetzt wird und du einen ganz anderen brauchst.

Alles wandelt sich, und das tut es ewig. Du kannst nichts festhalten, was dieser dauerhaften Wandlung unterliegt. Du kannst aber in diesem Prozess die dauerhafte Wandlung in Freude annehmen und mit ihr gehen. Dich nicht sträuben, sondern mitfliegen. Und du kannst dabei den eigentlichen Schatz in dir sammeln: Deine Kraft. Sie kannst du festhalten und lenken, wie du magst. Dieses „innere Reich" nimmst du mit in alle Leben, und dort wandelst nur du, wie du magst, wann du magst, wohin du magst.

Diese Energie ist dein Königreich. Lebe sie, nutze sie, sammle sie über eine Unzahl an schönen Erfahrungen und beschütze sie. Dann wird die Wandlung dein Lieblingswerkzeug für den beständigen Erhalt deines ewigen Selbst.

10

REDEN IST GOLD

Die größten Missverständnisse und damit die größten Verursacher von Leid entstehen durch die schlechte oder nicht existierende Kommunikation. Was einerseits Grundlage für Humor und Unterhaltung ist, kann auf der anderen Seite für so manche Menschen schicksalshaft sein: Kommunikation. Das Kommunizieren miteinander. Das Benennen der inneren Gefühlswelten, das Besprechen von Bedürfnissen. Die Motivation, durch den Austausch der Gedanken Lösungen zu finden.

Ich könnte diesem Werkzeug noch Hunderte anderer Namen und Beschreibungen geben, doch die Essenz wird immer die gleiche bleiben: Wer redet, gewinnt. Er gewinnt die Menschen für sich, doch vor allem gewinnt er sich selbst. Denn das Besprechen der Bedürfnisse und Wünsche hält Lösungen bereit. Und diese Lösungen sind es, die letztlich das Leben leichter, erfolgreicher und glücklicher machen als ohne diese Schritte.
Ob im Beruf oder privat, die Menschen, die keine Scheu davor haben, auf andere Menschen zuzugehen, manifestieren dadurch dauerhaft ihre Ziele. Sie besprechen sie, sie kreieren sie. Wer also kommunikativ durchs Leben geht, wird bei weitem mehr

erreichen als der, der seine Gedanken und Gefühle ganz für sich behält.

Miteinander reden, wenn man privat Verletzungen erlitten hat, diese mitteilen, sie dem anderen erklären, wo sie wann geschehen sind, und über das Reden eine Lösung finden, die diese Verletzungen vermeidet - ist beispielsweise ein unendlich wichtiges Tool, um privat glücklich zu werden.

Doch auch im Berufsleben gilt es, die Gedanken und Impulse zügig und doch bewusst so in Worte zu formulieren, dass das gemeinsame Ziel eines Teams - oder das eigene Ziel umgesetzt durch ein Team (weil es nie ganz alleine geht) - dauerhaft im Fluss zu halten. Zu sprechen, wenn es Probleme gibt, abzuklären, wo Fragen sind, und über das viele Kommunizieren letztlich das Ziel weiter zu realisieren.

Wer nicht redet, der hält letztlich auch Energie in sich zurück. Doch Energie muss fließen. Das ist das Grundprinzip dieses Elementes. Energie ist Bewegung. Bewegung ist Energie.

Letztlich möchte ich dennoch zu diesem so wichtigen Werkzeug Kommunikation zusätzlich darauf hinweisen, dass es nicht zu unterschätzen ist, wie wichtig die Art und Weise der Kommunikation ist. Es reicht nicht einfach nur, plump seine Gedanken zu kommunizieren, es sollte vielmehr achtsam, emphatisch und respektvoll den Anderen gegenüber geschehen. Denn bei aller Liebe zur Kommunikation - wird sie rücksichtslos und herzlos angewandt, bewirkt sie genau das Gegenteil. Dann werden die Worte zu messerscharfen Geschützen, die tatsächlich tiefe Wunden in den Seelen hinterlassen können. Das ach so unterschätzte Wort „Bitte" und das oftmals inflationär genutzte „Danke" sind die beiden Königswörter dieses Impulses.

Der wirklich glückliche Mensch in seinem Leben spricht gerne, liebevoll und effizient über das, was ihn bewegt - und macht dadurch seine Träume (und die seiner Liebsten) lebendig.

11

HOFFNUNGSJAGD

Mensch zu sein, heißt immer auch, etwas zu wollen, sich etwas zu wünschen. Die Bedürfnisse dazu werden im Außen durch attraktive Bilder oder ganz einfach aus einem Mangelempfinden im Inneren von uns erschaffen.

Immer dann, wenn du einen Traum verwirklichen möchtest, bedeutet dies, dass du in Interaktion mit anderen Menschen treten musst. Keiner kann sich seine Wünsche ganz ohne die Mithilfe anderer erfüllen. Selbst wenn du glaubst, dass du ganz autark an einer Idee basteln möchtest, wird irgendwann einmal der Punkt kommen, wo du entweder jemanden oder etwas (z.B. ein Produkt) brauchst, um es zu finalisieren, oder jemanden brauchst, um es anderen zu zeigen, zu präsentieren. Diese Interaktion wiederum erschafft eine Bedürftigkeit. Du hoffst auf Mithilfe und Unterstützung. Du hoffst, dass alles funktioniert. Du hoffst, dass alles gut geht. Du bist die Hoffnung. Und diese Bedürftigkeit, die sich als Hoffnung maskiert, ist eine Gefahr. Denn wenn sie nicht erfüllt wird, dann kann es passieren, dass du aus deiner Balance fällst, unsicher und ängstlich wirst, zweifelst und dadurch Energie verlierst.

Hörst du aber auf zu hoffen und beginnst einfach nur die Gegebenheiten, wie sie sind, zu erkennen und anzunehmen, kehrt sich die Bedürftigkeit in Akzeptanz um. Und diese Energie ist keine fordernde, wollende mehr, sondern eine beobachtende. Und aus der Beobachtung heraus triffst du ganz andere Entscheidungen als auf dem „Schlachtfeld" selbst. Daher ist Abstand hier in jedem Fall ein weiteres wichtiges Werkzeug, um eben nicht dein Leben in dauernder Reibung an all den Dingen, die dann nicht so werden, wie du es dir erhoffst, zu vergeuden, sondern ruhig, kraftvoll und wach zu agieren und somit nicht zum Spielball der eigenen Hoffnung zu werden.

Die ganze Thematik aber wird durch Hollywood ganz falsch dargestellt. Die Filme, Märchen und Geschichten der Menschheit sind voll von der Hoffnung darauf, dass das Gute gewinnt, der Traum in Erfüllung geht, die große Liebe gefunden wird, das Leben ein besseres wird. Hoffnung ist das Gewürz Nr.1 aus Hollywood, und es triggert damit all unsere Sehnsüchte nach Frieden und Heimat, Wohlstand und Sorgenfreiheit an. Das ist prinzipiell nichts Schlechtes, doch erzeugt es das Risiko einer verzerrten Wahrnehmung - dessen was ist, wie es ist.

Nein, die Menschen sind nicht ALLE gut und haben ALLE die gleichen Träume von der schönen, heilen Welt. Und nein, die Menschen wollen nicht ALLE einander helfen, um die Welt zu einer besseren zu machen. Nein, nicht alle Menschen suchen

die große Liebe, manche sind einfach sehr glücklich mit sich allein oder beispielsweise nur mit Tieren. Und nein, so wie du denkst und fühlst, gibt es keinen anderen Menschen auf der Welt. Es gibt niemanden, der so ist wie du, der die gleichen Interessen oder Sehnsüchte hat. Nein, nicht alle Menschen sind freundlich, liebevoll oder gar respektvoll. Viele haben sogar Spaß daran, andere zu verletzen. Andere finden es lustig Menschen und Tiere umzubringen, wieder andere betrügen und belügen sich selbst und andere, weil es ihrer Natur entspricht. Nein, das Leben ist nicht Hollywood. Das Leben ist genau das Gegenteil, und Hollywood betäubt dich. Mit dem Traum und der Hoffnung auf die große Liebe, den Weltfrieden, dass der Mensch mitfühlend sein kann, und Wohlstand etwas ist, das jeder Held dem Volk ermöglichen kann ... die Geschichten sind so unzählig, wie die Betäubung dieser Erkenntnis wichtig ist. Wer will schon desillusioniert werden und die Hoffnung an den Nagel hängen? Es ist doch so schön zu träumen, zu wünschen, zu hoffen. Sicher?
Ist es auch schön zu erfahren, wie viele Träume und Wünsche nicht in Erfüllung gehen trotz hartem, konzentriertem und diszipliniertem Schuften? Ist es wirklich schön mit anzuschauen, wie die Hoffnungen wieder und wieder von anderen Menschen enttäuscht werden, sei es beruflich oder privat?

Nun, letztlich steht es jedem frei, ob er sich weiter betäuben mag oder nicht. Die einzige Frage, die übrig bleibt im Spiel der Illusionen, ist, ob man in diesem Spiel glücklich ist oder eben nicht.

Und auch dies gilt es wertfrei zu sehen. Wenn jemand ein Leben lang Morphium nehmen mag, weil es sich dann besser anfühlt und er sein Leben so betäubt verbringen mag, ist das zu akzeptieren. Wenn jemand der Wahrheit ganz direkt ins Auge schauen mag, die Illusion durchschaut und damit seinen Frieden gemacht hat, dann ist auch das völlig ohne Wertung in Ordnung - solange wir alle, betäubt oder nicht betäubt, hoffend oder nicht mehr hoffend, bedürftig oder nicht mehr bedürftig, glücklich sind und kein Leben dadurch in Gefahr bringen.

12

MOTIVATIONSKAMPF

Um im Leben etwas zu erreichen, oder einfach nur etwas zu erschaffen, sei es noch so klein, braucht es, was sonst - deine Kraft, deine kosmische Währung. Ein Leben ohne die Sehnsucht etwas zu erschaffen, oder etwas zu erleben (was einem Erschaffen von Erfahrungen gleichzusetzen ist), wäre ein lebloses Sein. Jeder Mensch möchte sich wohl fühlen in seiner Haut. Wie er das bewirkt, ist so vielfältig, wie wir alle selbst es sind. Und dieses Drängen, Wünschen und Hoffen - mehr oder eben weniger - ist die heimliche Kraft, die uns treibt. Und diese Kraft bekommt ein fast unendliches Potential, wenn sie mit Liebe gemischt wird.

Wenn du wirklich liebst, was du tust, dann macht es dir unendlich viel Spaß. Diese Freude wiederum gibt dir Kraft, und so beginnt ein „Perpetuum mobile amore" für dich zu wirken.

Nur wenn du einen Weg findest, deine Lebenszeit mit etwas zu er-füllen, das du liebst, einer Arbeit nachzugehen, die du sehr sehr gerne machst, dann wirst du selbst die unangenehmsten Situationen in einer ganz anderen, positiveren Haltung bewältigen, als dies ohne diese Freude an der Arbeit geschehen würde.

Der Schlüssel sich selbst zu motivieren ist also die Hingabe, die Liebe, die man diesem Prozess gibt.

Wer liebt, was er tut, der fliegt durch das Leben. Wer hasst, was er tut, begegnet voller Gram und Aggression allem und jedem, was oder der mit dieser Arbeit zu tun hat.

Finde das, was du liebst, und lebe es. Nichts weniger und nichts mehr sollte deine erste Frage sein, die du in deinem Leben beantwortest: Was liebe ich? Denn diese Antwort wirkt wie ein Anker in alle Richtungen deines Lebens und zieht dich mit weit mehr Kraft an, als wenn du einer anderen Motivation nachgehst.

Sicher ist es nicht immer so einfach, nur das zu tun, was man mag, vor allem wenn es ums Überleben geht. Doch das muss nicht bedeuten, dass das Leben dann ausschließlich unangenehme Arbeiten mit sich bringt. Das wäre ein falsches Glaubensmuster, welches es als Erstes zu eliminieren gilt. Das Überleben sichern muss keine Qual sein. Es kann und sollte sogar in Liebe und Freude geschehen. Dann ist das ganze Leben ein anderes - freudiger, liebevoller, kraftvoller, erfüllter.

Du entscheidest! Niemand anderes. Niemand!

13

SCHICKSALSSCHLÜSSEL

Wer viel Kraft hat, wird viel erreichen. Wer viele Emotionen hat, kann durch diese Emotionalität aber auch wieder viel verlieren. Denn das Leben ist aufregend. Nie geht alles immer gleichmütig und ruhig vonstatten. Wie die Natur jeden Tag ein anderes Wetterschauspiel zeigt, so sind auch unsere Gefühlswelten nie von gleicher Konstanz. Entscheidend ist aber, wie diese Emotionalität in unser Leben eingreift. Schafft es ein Mensch, die Wellen der Gefühlsausbrüche von Aggression und Wut zu kanalisieren und nicht gegen andere anzuwenden, so werden ihm weniger zerstörerische Resonanzen zurückgespiegelt. Wer liebevolle Impulse gleichmäßig setzt, verständnisvoll und achtsam seine Kraft einsetzt, wird unterstützende Resonanzen erzeugen.

Gleichwohl die liebevollen Impulse im Dschungel der Unbewusstheit leider auch immer missbraucht werden, so sind sie dennoch der Pfad, der letztlich mehr Frieden und Materialisation deiner Wünsche erzeugt.

Finde deine wirkliche Kraft und ergründe deine Gefühlswelten, damit sie dir im wahrsten Sinne des Wortes nicht im Weg stehen. Denn der Weg der Kraft ist schön und voller Freude, der Weg der Gefühlsausbrüche dagegen anstrengend und kräftezehrend.

Wir sind am Ende, was wir sind. Bist du ein Wesen, dass sehr emotional reagiert und seine Emotionen nicht lenken kann und will, dann wisse nur um diese Gefahr, dass die hitzigen Emotionen auf dem Weg der Verwirklichung deiner Träume als entscheidende Bremsklötze wirken.
Kraft zu haben ist die Essenz, doch wie du sie lenkst, ist dein Schicksal.

14

THEY DON´T REALLY CARE ABOUT YOU

Als Kind ist man in seiner Familie im besten Fall das Zentrum der Aufmerksamkeit. Alles dreht sich um einen, egal, was man macht. Jede Aktion erzeugt eine Reaktion der Erwachsenen. Wenn man dann aber im Kindergarten ist, muss diese Aufmerksamkeit plötzlich geteilt werden. So viele andere Kinder schreien nach Beachtung, und die Erzieherinnen werden härter und härter in ihrem Ton, um die vielen „Aufmerksamkeitstierchen" zu bändigen. Dann wird es kalt und einsam in einem. Erste Einsichten kommen, dass es in einer Masse von Menschen unmöglich ist, allen die gleiche Beachtung zukommen zu lassen. Die Erzieherinnen wirken dauernd überlastet und schaffen es gerade noch ab und zu sich ein Lächeln abzuringen. Wenn man sie heimlich beobachtet, sieht man die Erschöpfung. Sie können jedem einzelnen Kind nur ein Zipfelchen ihrer Aufmerksamkeit geben.

Dann folgt die Schule, und plötzlich wird man an Leistung gemessen. Leistung? Was genau soll das sein …? Ob ich gerne

lese? Gerne zuhöre? Gerne etwas lerne? Plötzlich wirst du bewertet. Mit Noten ... Dein Leben wird in Scheiben geschnitten. Das erste Mal in deinem Leben wirst du für etwas anderes als dein Menschsein bewertet. Und das tut weh. Denn eigentlich hat sich nichts geändert in dir. Du bist immer noch das kleine Mädchen oder der kleine Junge, der so viel Spaß daran hat mit den anderen Kindern oder mit den Eltern zu spielen oder einfach nur zu sein. Lächelnd mit dem Teddybär oder der Puppe die Lebenszeit mit Geschichten zu genießen.
Plötzlich wirst du auf etwas ganz anderes „reduziert".
Manche Eltern fragen nach diesen Leistungen, und wenn du nicht ablieferst, bekommst du eine Strafe.
Genauso wie die Gruppe selbst dich ausstößt, weil du vielleicht einfach nicht dieses dumme Spiel spielen magst.

Doch du bist allein. Du bist genauso allein, wie du all die Monate im Mutterbauch alleine warst und dich in dem Moment deiner Geburt allein durch den Geburtskanal kämpfen musstest. Und du bist so allein, wie du es sein wirst, wenn du sterben wirst. Egal, wer dann bei dir ist - schwinden die Sinne deines Körpers, wirst du ganz allein die Schwelle der feinstofflichen Wahrnehmung nehmen müssen.

Die Momente, in denen dir als Kind alle Aufmerksamkeit geschenkt wurde, du dich (der eine mehr, der andere weniger) sicher und frei, geliebt und beschützt, glücklich und selig gefühlt

hast, waren kurz. Sehr kurz. Die Menschen unserer Zeit definieren einander nicht durch Herzlichkeit oder Empathie. Nein, sie definieren sich und damit auch den Verdienst von Aufmerksamkeit nur über Leistung.
Du wirst zu einer Maschine, die nach ihrer Produktivität für die Gesellschaft bewertet wird.

Für die einen ist es eine Leistung, viel Geld zu erwirtschaften.
Für andere ist es wichtig, Kinder zu bekommen.
Für noch andere ist es unausweichlich, einen bestimmten Status in der Gesellschaft zu erlangen.
Und in diesem Spiel sind sie alle so sehr eingespannt, dass sie keine Zeit, keine Kraft und keine Muse haben, sich dir hinzuwenden. Die Firma, die Arbeit, die Kinder, der Haushalt, die Kredite, die Verpflichtungen - all dies nimmt ihnen all ihre Kraft. Denn dieses Spiel ist wild. Es stürmt, es ist laut, es ist schnell, unfassbar schnell, es ist hart und es ist kalt. Doch sie spielen es, weil sie glauben, es sei der Sinn ihres Daseins.
In diesem Glauben gefangen, wirst du eines immer weniger finden: Achtsamkeit, Liebe, Aufrichtigkeit, Hingabe, Hinwendung und natürlich auch Aufmerksamkeit. Vielleicht sogar nie wieder.
Selbst wenn du dich Ihnen hinwendest, intensiv und ihr Herz verstehen und spüren willst, wirst du dies nicht zurück erfahren. Denn sie interessieren sich nicht für dich, nur weil du dich für sie interessierst. Vielleicht scheint das ab und zu einmal so,

wenn du eines der Leistungsprinzipien des Geldes, der Kinder und des Status erfüllst. Dann kann es tatsächlich passieren, dass sie dich kurzzeitig einmal wahrnehmen, doch auch das ist nicht von Dauer, denn der Sturm des Spiels hält sie fest in ihren Fesseln. Und selbst dann geschieht diese Hinwendung auch nur in dem Maß, wie es ihre eigentliche Kraft noch ermöglicht. Wer immer an der Oberfläche schwimmt, wird nicht plötzlich die Tiefe ergründen.

Doch im Spiel des Sturmes ist es so laut und windig an der Oberfläche, dass jemand nur in Ausnahmezuständen darauf kommt, einfach mal tief zu tauchen und dort die Stille zu finden. Diese Ausnahmezustände sind meist seelische Schocks, die das Potential einer Bewusstseinsöffnung in sich tragen. Dann aber ist das Geschrei groß, die Erkenntnis aber leider nicht immer. Nicht zu vergessen, dass nur ein wirklicher Ausstieg aus dem Spiel wirklich zu Einkehr und Ruhe und damit zu einer inneren Reflektion führen kann. Doch wer will sich schon selbst begegnen? Dafür ist das Spiel zu perfekt. Es suggeriert ja Fülle - als Lohn für die Leistung. Und in weiterer Folge suggeriert es Glücksempfinden, aufgrund des Verdienstes (beispielsweise Geld, Status, Familie).

Doch aus dem Spiel auszusteigen, bedeutet noch mehr Einsamkeit. Im Spiel selbst hat man (wenn man einigermaßen bei Bewusstsein ist) wenigstens die Wahl, ob man sich davon betäuben lassen mag und der Illusion folgt. Aber außerhalb des Spieles ist man klaren Blickes sehr einsam. Getrennt von der Gesellschaft, die sich so gerne ablenken und betäuben mag.

Letztlich macht es fast keinen Unterschied in der Erkenntnis, dass man auf die eine oder andere Weise, im Spiel und/oder außerhalb des Spiels keine Aufmerksamkeit, keine Hinwendung und keine Beachtung findet. Innerhalb kann man sie sich erkaufen über die „Leistungen" oder Geld/Materie.
Außerhalb des Spiels sind Hinwendung, Liebe und Herzlichkeit ein Charakterzug, den jeder trägt, doch sind es so wenige, dass es schwer ist, überhaupt jemanden zu finden.
Du hast also die Wahl zwischen Einsamkeit im Spiel oder Einsamkeit außerhalb des Sturmes. Einsam wirst du immer sein, weil du einsam kommst und einsam diesen Planeten wieder verlässt.

Es geht letztlich nur darum, welche Spuren du in dieser Einsamkeit hinterlassen willst. Ist es deine Lebensspur, dich animalisch zu vermehren - okay. Ist es dein Ansinnen, Materie anzuhäufen, um sie dann anderen zu hinterlassen - auch okay. Oder willst du etwas ganz anderes in die Geschichte der Menschheit schreiben - dann tu es. Doch erwarte nicht, dass sie dich dafür beachten, ehren, würdigen oder es überhaupt bemerken - tu, was auch immer, FÜR DICH.

15

CHEMIEBEWUSSTSEIN

Du bestehst aus einer Vielzahl an chemischen Elementen. Dein ganzer Organismus ist ein Zusammenspiel dieser chemischen Elemente, aus Wasser (sehr viel Wasser), Spurenelementen und so vielem mehr.
Und Chemie ist beeinflussbar, doch vor allem extrem empfindlich. Jeder neue Stoff, der hinzugefügt wird, wirkt also auf dieses sehr lebendige wässrige Konstrukt. Jeder Bissen, den du zu dir nimmst, enthält eine weitere Unzahl an anderen chemischen Elementen, die wiederum mit den bestehenden Elementen im Organismus zusammenwirken. Das Gleiche gilt natürlich auch für Flüssigkeiten. Jeder Schluck, den du zu dir nimmst, ist einer Infusion, die du im Krankenhaus direkt in deinen Arm verabreicht bekommst, gleichzusetzen. Jeder Schluck Alkohol, jedes Zuckerwasser, aber auch jeder vergessene Schluck Wasser. All dies formt deine Zellen in jedem Moment.
Und das ist eine der Grundlagen für dein Befinden. Geht es dem Körper, seinen Zellen und Organen, nicht gut, so fühlst du dich nicht gut. Du kannst nicht klar denken, bist erschöpft und hast keine Energie. Nur wenn dieses „Organ Körper" gesund „funktioniert", kannst du dein eigentliches Potential leben. Dein Kör-

per ist also maßgeblich von dem „abhängig", was du ihm zuführst.

Doch das ist nur die halbe Wahrheit. Denn abgesehen davon, dass die Zufuhr dieser ganzen Stoffe dein ganzes Befinden regeln, so ist deine Verdauungsfähigkeit dieser Stoffe das A und O. Es sind also individuell genetische Voraussetzungen, die zusätzlich mitverantwortlich sind, WIE diese Elemente alle miteinander in dir wirken.

Unabhängig von dieser genetischen Beschaffenheit (die man erforschen und sich daraufhin anders ernähren kann) und den Elementen, die man dem Körper über die Nahrung zuführt, gibt es noch eine weitere wichtige Komponente, die dieses chemische Konstrukt maßgeblich beeinflusst: Deine Gedanken. Wie stark diese Gedankenenergie tatsächlich Materie formen kann, hat der japanische Wissenschaftler Masaru Emoto in seinen Forschungen über die Kristallisierung des Wassers dargestellt. Je nachdem, mit welchem Gedankenimpuls das Wasser besprochen wurde, formten sich daraufhin unterschiedliche Kristalle, die dann im Mikroskop sichtbar wurden. Da wir zu 70 Prozent aus Wasser bestehen, formst du also mit deinen Gedanken deinen Körper. Dazu braucht man kein Mikroskop, denn da der Körper ein zusammenhängendes System ist, sieht man letztlich sofort die Gedankenwelt eines Menschen in seinem Gesicht, seiner Körperhaltung und die Art der bewussten oder unbewussten Ernährung an der Form seines Körpers.

Haltung, Achtsamkeit, Beweglichkeit und Ausstrahlung sind daher kein Zufall, sondern das Ergebnis all dieser Komponenten.

Du formst dieses „Organ Körper" mit jedem deiner Atemzüge, mit deinen Gedanken, den chemischen Stoffen, die Du ihm zuführst (Nahrung) und deinen Entscheidungen.
Tue es liebevoll, achtsam, bewusst und freudvoll - man wird es dir ansehen ...

16

FREIHEIT ODER DIENERSCHAFT

Kinder sind unfassbar bezaubernd, weil sie noch naiv und unbedarft die Schritte in ihrem Leben setzen, weil sie ohne Vorurteile den Menschen begegnen, weil sie sich durch diese Wertfreiheit auch viel freier und freudvoller dem Moment widmen können. Sie kennen kein Gestern, sie sorgen sich nicht um das Morgen. Sie leben das Jetzt. Und bevor die Prägungen der Eltern und der menschlichen Systeme sie wirklich beeinflussen, sind sie grundsätzlich neugierig. Diese Neugier treibt sie in unterschiedliche Welten, denen sie all ihre Aufmerksamkeit schenken und in denen sie sich verlieren können. Weit weg von Stress, Alltag, Sorgen, Druck, Anforderungen, Kampf, Gier, List, Betrug und Lüge.

Eine Familie zu gründen scheint daher zunächst einmal etwas ausschließlich Positives und Schönes zu sein. Denn immerhin schenkt man dabei ja auch Leben - und das hat dann auch noch ein bisschen was Episches. Das Gefühl, diesem kleinen unschuldigen Wesen das Leben geschenkt zu haben und ihm unter die Arme zu greifen, kann wahrlich unglaublich schön und erfüllend sein. Das steht außer Frage. Die Erhaltung der

Sippe und ihrer Erungenschaften, geistig wie auch materiell, ist für so manchen sein Ein und Alles, gleichwohl er selbst davon im Jenseits nichts hat, aber das ist eine ganz andere Geschichte. Wir sind, wohin wir unsere Aufmerksamkeit lenken, und der größte Teil der Menschen denkt eben menschlich und nicht ans Jenseits. Und weil das so ist, wird uns über die Glaubensmuster der menschlichen Systeme und Religionen natürlich die ausschließliche, tiefgehende Erfüllung unseres Lebensplanes im „Kinder machen" gelehrt. Das ist prinzipiell auch gar nicht falsch, es ist nur wieder einmal nur ein Bruchteil der ganzen Wahrheit. Denn die entscheidenden Details werden (mal wieder) nicht übermittelt.

In den ersten Lebensjahren ist dieses kleine Wesen zu 1000 Prozent abhängig von dir.
Es kann nichts ohne dich. Es kann nicht allein überleben, es muss erst laufen und sprechen lernen - und so Vieles mehr. Die Aufmerksamkeit, die es also braucht, um diesem Lebewesen den nötigen Support zu geben, ist lebensfüllend.
Ab dem Moment der Geburt wird es laut um dich herum. Und das, was dich da (mal mehr, mal weniger) nachts und tagsüber um deinen Verstand schreit, wird dir all deine Kraft, Aufmerksamkeit und Zeit abverlangen. Du wirst erschöpft sein von der Doppelbelastung Beruf und Kind, von der nicht mehr vorhandenen Intensität in der Zweisamkeit mit deinem Partner, schockiert von der Gnadenlosigkeit, mit der das Kind deine Auf-

merksamkeit einfordert. Denn es ist ihm egal, ob du morgen Abgabetermin der Diplomarbeit oder einen Prüfungstermin hast, es wird machen, was es will, wann es das will, und wie es das will. Und wenn du keine Lust mehr hast, dann interessiert das das Kind nicht. Du musst funktionieren. Ab dem Moment der Geburt sind die Eltern nur noch Futterautomat, Aufmerksamkeitserfüller und Zahlmeister für dieses kleine Lebewesen. Und aus diesem Spiel kannst du nicht mehr aussteigen. Diesen „Wunsch" kannst du nicht mehr in den Laden zurück bringen. Diese Entscheidung ist der Anfang des Endes deiner Freiheit. Verpflichtung und Verantwortung einem Lebewesen gegenüber bestimmen dein Leben von nun an, für eine lange Zeit und vielleicht den Rest deines Lebens.

Doch genau das, dieser Fokus auf eine Art „Gemeinschaftsprojekt", kann tatsächlich von manchen Menschen als Lebensaufgabe erfüllend erfahren werden. Dann hat (angeblich) ihr Leben einen Sinn, man fühlt sich gebraucht, geliebt und spürt einen Zusammenhalt, der sonst nirgends auf der Welt zu finden zu sein scheint … Nun ja. Auch das ist eine Frage der Perspektive. Denn um das Gefühl gebraucht zu werden, zu erfahren, kann man beispielsweise auch in einem Heilberuf vielen Hunderten oder gar Tausenden Menschen in seinem Leben helfen. Diese Arbeit kann auch sehr erfüllend wirken, dazu muss man kein Kind machen.

Liebe empfindet jeder anders. Abgesehen davon, dass diese Energie eng an die Kraft der Seele gebunden ist, also so individuell erfahren wird, wie es der ganze Kosmos ist, ist auch dies nichts, was man nur über die Geburt eines Kindes erfahren kann.

Doch der familiäre Zusammenhalt ist in der Tat die einzige wirklich besondere Kraft, welche durch die Vermehrung entstehen kann. Und das ist in dieser Form schwer anderweitig zu erkaufen oder zu erfahren. Doch auch diese Rechnung kann ihre Tücken haben. Denn nur, weil es Familie heißt, muss deswegen nicht zwingend Familie drin sein; eine Familie, die dich erfüllt, dich besser versteht als andere Menschen, dich mehr liebt als andere, dir mehr Aufmerksamkeit schenkt als andere. Kinder, die dein Lebenswerk mögen und deshalb auch übernehmen wollen, und so Vieles mehr.
Eine solche Rechnung ist eine Rechnung mit extrem vielen Risiken und Untiefen, die du nicht vermeiden kannst. Es kann also durchaus passieren, dass du 20 Jahre deiner Lebenszeit und Kraft in eine Illusion „investierst", die sich am Ende ganz anders zeigt, als du es eigentlich erhofft hast. Weil die Menschenmärchen es doch alle so erzählen …
Daher ist die Frage hinter allen Märchen der Systeme (die auch nur sich selbst erhalten wollen, und sie deshalb ganz eigennützig erzählen) nicht die Lebenssinnfrage, sondern eine ganz schlichte: „Willst du in deinem Leben frei wie ein Vogel dorthin fliegen und bleiben, wo du magst, jeden Tag und jeden Moment

mit dir und in dir wachsen, oder magst du lieber deine Zeit, deine Kraft und Aufmerksamkeit einer Gemeinschaft schenken, die dir dafür das Gefühl von Geborgenheit und Schutz in der Horde geben kann?" Es geht überhaupt nicht um das Kinder-Thema selbst, es geht nur um diese Essenz.

Bevor du anderen einen Gefallen tust, indem du „endlich" auch eine Familie gründest, weil sie es von dir alle erwarten, dich fast schon richten, wenn du dir damit Zeit lässt, lausche erst in dich hinein, was die Energie in dir möchte.

Freiheit oder Dienerschaft? Und dann entscheide.

Es ist dein Leben. Es ist deine Lebenszeit. Deine Kraft. Beides kannst du nicht mehr zurückholen. Nicht zurückkaufen. Dein Leben ist das Wertvollste, was du besitzt. Sei behutsam mit dieser Entscheidung. Freiheit oder Dienerschaft. Was wird dich beglücken? Du entscheidest, worin du dich entfalten möchtest. Nur du und sonst kein anderer.

Wäge Input und Risiko ab, ohne dich irgendwelchen Glaubensmustern oder Ansprüchen anderer zu beugen. Sie werden nicht da sein, wenn du nicht mehr kannst, weil es viel viel anstrengender war, als in den Märchen erzählt wurde. Sie werden nicht da sein und die Rechnungen bezahlen für die hungrigen Mäuler. Sie werden auch nicht deine Arbeit machen, von der du erschöpft nach Hause kommst, um dann am Wochenende und erst recht in den Ferien deinen Kindern durch ein volles Programm deine Aufmerksamkeit zu schenken. Sie werden nicht deine Träume für dich verwirklichen, weil dir ja jetzt die

Zeit und Kraft dazu fehlt. Sie werden nicht die Kinder nehmen, weil du endlich mal wieder so etwas wie Zweisamkeit, so richtige Zweisamkeit in Ruhe und Freude mit deinem Partner erleben willst.
Sie sind nur so lange da, wie du ihr Glaubensmuster noch nicht erfüllt hast.

Schau genau hin. Erkenne genau, was was ist. Lausche in dich hinein, wer du bist und was du dir von deinem Leben wünschst … und dann entscheide.

17

DAS GROSSE JAMMERN

Wenn du wachen Auges durch die Menschheit wanderst, so wirst du eine Sache immer wieder ganz klar und laut erleben: ihre Klagen. Sie beklagen sich über das Wetter, über die Nachbarn, über das Fernsehprogramm, über die Arbeit, über den Partner, die Kinder, die Schwiegereltern, die Mitarbeiter … und, und, und. Wie ein Indikator offenbart das ewige Klagen eines Menschen seinen Wahrnehmungszustand. Er empfindet die kosmische Fülle nicht, er lebt im Empfinden des Mangels. Das ist die Ursache für das Bemängeln der Zustände - egal welcher. Und dieses anhaltende Beschweren wird auch noch belohnt. Denn - es verschafft Aufmerksamkeit. Alle wollen sich „kümmern", damit es dem Dauerklager besser geht - was unmöglich ist, weil die Ursache eine innerliche des Klagenden ist. Das kann auf der körperlichen Ebene eventuell durch Medikamente, aber letztlich nicht wirklich im Außen gelöst werden.

Und so jammern und jammern sie - und erfahren dabei immens viel Aufmerksamkeit. Mehr Aufmerksamkeit, als die Menschen erreicht, die beispielsweise täglich viel Gutes tun, andere inspirieren oder als Visionäre wirken. Nein, die meiste Aufmerksamkeit bekommen die Klagenden. Und du wirst erleben, wie auch deine Lebenszeit und Lebenskraft von derartigen Wesen vollends eingenommen werden kann - aber nur, wenn du es zulässt.

Du kannst diesen Klagecharakter jedoch durchschauen. Was genau haben diese Menschen in ihrem Leben sich selbst und anderen gegenüber „geleistet", dass sie so viel Aufmerksamkeit (und damit Energie, deine Energie) einfordern dürfen? Schau genau hin, betrachte, ob die Lösungsvorschläge, die man diesen Menschen gibt, tatsächlich umgesetzt werden (wollen), oder ob sie sich in der ewigen Beschwerde definieren. Ihr Leben hat keinen Inhalt, außer die ewige Reklamation an allem, was ist. Diese Inhaltslosigkeit kannst du nicht ersetzen - mit keiner Liebe, keiner Kraft und keiner Hinwendung. Im Gegenteil, sie nehmen dir Energie. Sie nehmen dir deine Zeit. Wäge ab und schau genau hin, was was ist und wer was ist. Fütterst du mit deiner Liebe einen Energieräuber, so lauf davon und zwar weit weg. Lass dich nicht von deiner Hilfsbereitschaft manipulieren. Lerne zu akzeptieren, dass diese Art Mensch, NICHT durch DICH die entscheidenden Impulse heraus aus dem Mangelempfinden bekommen kann, sondern nur und ausschließlich aus sich selbst heraus.

Menschen sind nicht veränderbar, es sei denn, sie verändern sich selbst. Jeder Mensch, der glaubt oder hofft, einen anderen Menschen verändern zu können, bezahlt diese Illusion mit dem höchsten Preis des Kosmos: Mit seiner Kraft, seiner Energie, seinem Leben! Denn nichts ist von außen wandelbar, sondern nur aus sich selbst heraus. Erst wenn der Wille, die innere Bereitschaft, da ist, Charakterstrukturen und Perspektiven auf das eigene Leben zu verändern, wird der Mensch sich wandeln.

Wer dir etwas anderes erzählt, lügt oder liebt es, sich selbst zu belügen.

18

OPFERKULT VERSUS EIGENVERANTWORTUNG

Der Fokus an den Schulen dieser Welt liegt meist darauf, die Kinder und Jugendlichen darauf vorzubereiten, als dienende Werkzeuge einem System nützlich zu sein. Dabei geht es nicht um die innere Reflektion, seelische Entfaltung oder gar visionäres Schaffen. Nein, es geht schlicht und ergreifend nur um deine Funktionalität als Zahnrad in einem System. Am besten emotionslos, um resistenter gegen die Widrigkeiten der Arbeitswelt zu sein. In besagten Schulen wird dabei ein essentielles Werkzeug ganz bewusst nicht übermittelt: Die Eigenverantwortung. Diese falsche Prägung hat zur Folge, dass der sich entwickelnde Mensch diese Eigenverantwortung für sich und sein Schaffen nicht kennt, nicht erkennt und nicht anwenden kann. Denn Eigenverantwortung zu leben, zu verinnerlichen und wirklich anzuwenden braucht Bewusstheit. Bewusstheit darüber, wer man ist, warum man am Leben ist, was die Lebensziele sind, wie alles miteinander verbunden interagiert, und was es für tiefgreifende kosmische Konsequenzen hat, WIE man handelt. Das Fehlen der Übermittlung der Bewusstheit über die Verantwor-

tung sich selbst, den anderen und dem Kosmos gegenüber ist wiederum die Ursache für ein völlig verschobenes Empfinden, als sei man ein Opfer. So viele Menschen leben also nicht in dem Bewusstsein, dass sie für das, was ist, verantwortlich sind, sondern sie sehen den Lenker und Verursacher ihres Schicksals im Außen. Und selbst wenn es in einem Glaubensmuster ein so genannter Gott ist, dann befindet sich auch dieser nicht in ihnen, sondern im Außen. Und dort, im Außen, liegt die angebliche „Schuld" für alles, was nicht passt.
Und so werden all diese Menschen, die ohne Bewusstsein über die Dimension ihrer Eigenverantwortung vor sich hin vegetieren, zu Opfern – zu jammernden, dauer jammernden Opfern.
Der da ist schuld daran, dass ich meinen Job verloren habe. Die ist schuld daran, dass ich keinen Partner habe. Das ging nicht. Dies ging nicht. Der wollte nicht. Die konnten nicht. Frei nach Goethe ist es „ihr ewig Weh und Ach", das nur ja alle Verantwortung für das Geschehene von einem weist.

Durchbreche dieses Muster, dass immer die anderen die Schuld für irgendetwas tragen … erkenne die Chance, dass DU alleine das Leben gestaltest, wie du es möchtest. Und zwar nur du, in jedem Moment, mit jedem Atemzug, jedem Gedanken und jeder Entscheidung aus diesem Gedanken heraus.

Konzentriere dich darauf und werde AKTIV. Hör auf, der Spielball der anderen zu sein.

19

DIE SCHULDFRAGE

Dass ein Großteil der Menschheit ihre Eigenverantwortung nicht leben möchte, sondern die Opferrolle zelebriert, haben wir schon festgehalten. Ein Auswuchs dieser Haltung ist jedoch die Wahrnehmung der so genannten „Opfer", wonach alle anderen immer an allem schuld sind.

Du kannst das ganz leicht daran erkennen, wie jemand über andere Menschen spricht. Sind die anderen schuld an seinen Lebensumständen, so nimmt er aus der Opferperspektive wahr. Sieht er aber die Ursachen für seine Problematiken in sich, ist er sich selbst bewusst und wird aus dieser Bewusstheit heraus sein Leben so gestalten, wie er es möchte - in jedem Fall wird er aktiv sein. Denn die Opferrolle wird gleichzeitig mit einer gewissen Handlungsunfähigkeit einhergehen.

Du wirst diese Menschen aber nicht immer nur auf der Couch und die Luft anstarrend vorfinden. Nein, sie sind durchaus auch aktiv, aber aktiv im Überlebenskampf und nicht aktiv in der Kreation ihres Schicksals.

So sind diese Menschen oftmals den ganzen Tag über sehr beschäftigt, doch daran, dass sie keine Fortschritte machen, sind die anderen schuld. Daran, dass sie nicht den richtigen Partner finden, sind die anderen schuld. Daran, dass sie nicht die richtigen Freunde, oder überhaupt Freunde finden, sind die anderen schuld. Daran, dass sie nicht vorwärts kommen und immer nur Blockaden erleben, sind ausschließlich die anderen schuld. Wir können diese Liste ins Unendliche fortschreiben - Fakt ist, solange ein Mensch mobil und gesund im Körper und im Geiste ist, hat er unendlich viele Werkzeuge, sein Schicksal zu lenken. Selbst eine berufliche Blockade kann der bewusst agierende Mensch als Anlass nehmen, sich fortzubilden, in andere Richtungen zu denken. Einen totalen Neuanfang starten, ein neues Leben gestalten. Das Opfer aber wird den Rest seines Lebens die Schuldigen suchen, sich im Klagen aalen und in einer wartenden Position sein Leben verschwenden.

20

HALTUNGSENTSCHEIDUNG

Ausgestattet mit einem freien Willen kann jeder Mensch, der mobil und gesund ist, den Raum und die Menschen verlassen, die ihm nicht gut tun. Soweit so gut. Doch so mancher kommt trotz all dieser Mobilität dennoch nicht vorwärts und rennt nur von Desaster zu Desaster. Denn bei all dem liegt der Schlüssel zur Wahrnehmung von Fülle ausschließlich in uns selbst. Nein, das wird jetzt keine abgedroschene esoterische Floskel, es wird der Schlüssel in eine ganz einfache Formel, mit den Untiefen des Menschseins umzugehen.

Und sie ist wirklich einfach:

Ändere deine Haltung. Sieh die anderen nicht als Feinde, sondern als Mitmenschen - mit mehr oder weniger Herzensqualitäten. Und dann übe dich in Gelassenheit. Gelassenheit im Umgang mit ihnen, ihren Dramen (die viele dauernd empfinden), Gelassenheit bezüglich des Wetters, Gelassenheit im Beruf, Gelassenheit überall.

Sie gibt dir Kraft, und diese Kraft brauchst du, um dein Leben so zu gestalten, wie du es möchtest.

Und wieder entscheidest nur du, ganz alleine du … über Sein oder nicht Sein.

21

KINDERPERSPEKTIVE

Ein Perpetuum mobile für die körperliche Kraft ist, sich das Gefühl der Kindlichkeit zu bewahren.
Es ist schön zu wachsen, aber es ist noch schöner in diesem unveränderbaren Prozess, das Kind in uns lebendig zu halten. Das staunende, naive, lustige, sorgenlose und träumende Kind kann in der Seelenenergie, die den Körper belebt, festgehalten werden und ihn auf ganz besondere Weise beleben. Du fühlst intensiver, du fühlst grenzenloser und dadurch leichter, wenn diese Kraft die Zellen formt. Du siehst die Welt und damit auch die Menschen mit ganz anderen Augen. Mit kindlicheren Augen. Du erkennst in so manchen Begegnungen auch ein großes Kind, das verwundbare Herz, die unerfüllten Hoffnungen und Sehnsüchte des Anderen. Und weil du dabei dieses lebendige Kind durch die erwachsenen Gesichter hindurch scheinen siehst, kannst du ganz anders mit diesen Menschen umgehen. Liebevoller, leichter, freudvoller, herzlicher und so viel mehr. Das wiederum erzeugt ganz andere Resonanzen, und du selbst hast mehr Spaß, mehr Freude und empfindest mehr Leichtigkeit im Sein.
Es ist daher ein wichtiger Schlüssel im Umgang mit dir selbst und mit anderen - Kind zu bleiben.

22

DAS GROßE WARTEN

Viele Menschen sind dauernd überfordert. Die einen, weil sie so viel arbeiten, die anderen, weil sie nicht arbeiten. „Das große Jammern" ist daher in jedem Fall wieder ein Ergebnis dieser krankhaften Wahrnehmung und leider auch noch ein Indiz für etwas ganz Anderes:

Dauernd überfordert, kann der menschliche Geist immer nur begrenzt Neuigkeiten aufnehmen und verarbeiten. Durch diese begrenzten Kapazitäten der Aufnahmefähigkeit müssen Dinge warten. Menschen und ihre Bitten - warten. Projekte - warten. Erledigungen - warten. Termine -warten. Gespräche – warten …

Ich erkenne in der Zeitverzögerung, die ein Mensch im Bewältigen seines Lebens erschafft (sei es privat oder geschäftlich, das ist gleichbedeutend), die Belastbarkeit und damit das Kraftpotential seiner Seele. Wertfrei gesehen ist also am Maß des Beklagens und der Zeitverzögerung in der Erledigung der Lebensaufgaben genau abzulesen, wie es um die Kraft dieser Seele steht. Die steigende Anzahl von klagenden Stimmen wachsam erkennend, bedeutet das, dass du wissen musst, dass du viel warten musst. Und Warten kann sehr qualvoll sein. Es suggeriert Bedürftigkeit. Warten entsteht aus einer Er-Wartungs-Haltung. Und diese wiederum entsteht aus Absprachen, Gesprächen, Verträgen. Es ist also kein Luftschloss, das du dir aufgebaut hast und aus dem heraus du in diese Haltung kommst, sondern es sind handfeste Vereinbarungen. DOCH - beachten diese nicht das eigentliche Potential deines Gegenübers. Und somit wirst du nach und nach, je nach Verzögerung der „Lieferung", oder sagen wir besser „Erledigung der Bestellung" in eine Position des Wartens und Bittens gebracht. Je nach Dringlichkeit sogar in eine massive Bedürftigkeit.

Wisse dies. Unabhängig davon, dass Menschen natürlich auch Fehler machen und keine Maschinen sind, sind sie vor allem unbewusst und überschätzen sich dauernd. Daraus folgen falsche Planungen, verzerrte Wahrnehmungen und unrealistische Versprechen, die alle nur eines als Ziel haben: dich wartend und bedürftig zu machen.

Du könntest aussteigen, indem du einfach keine Erwartungen mehr hast, keine Hoffnungen, keine Sehnsüchte, in und mit einer Gemeinschaft etwas zu erschaffen. Wenn du das schaffst, steigst du aus jeglichem Erschaffensprozess aus, aus jeder Interaktion mit den Menschen. Solange du aber mit ihnen in Interaktion sein musst oder willst, wirst du diese Muster erfahren. Entscheide, und entscheide bewusst.

23

GEBEN VERSUS NEHMEN

Der Kosmos ist Energie in unterschiedlichen Ausdrucksformen. Und der Kosmos ist ein sich dauerhaft balancierendes Konstrukt. Der Ausgleich der Energien ist das Ein- und Ausatmen dieses Systems.

Und so kam es, dass Menschen aus dem ihnen kosmisch innewohnenden Gefühl des „Ausgleichen-Wollens" im Tausch ein eigenes System erschufen. So gesehen ein menschengemachtes System im kosmischen System.

Aus dem Tausch von Schuhen gegen Essen wurden Münzen gegen Münzen. Das Geld ist erfunden worden. Doch wie jeder Tausch, so ist auch das Münzgeschäft letztlich nur ein Bedürfnisgeschäft. Ob derjenige, der Hunger hat, nun seine Schuhe hergibt oder Münzen, macht letztlich keinen Unterschied. Daran geknüpft ist ausschließlich eine Bedürftigkeit. Ob diese aus einer Sehnsucht nach Konsum, einer einfachen Notwendigkeit wie Nahrung, Wärme und Schutz oder anderen Notwendigkeiten des (Über)Lebens entsteht, ist genauso nebensächlich wie die Objekte des Tausches. Wer tauscht, ist bedürftig nach etwas, das der andere hat. Und er glaubt, dass das, was der andere ihm gibt, ihn aus dieser Bedürftigkeit befreit. Es entsteht ein Glaubenssystem.

Geld ist somit also immer genau so viel „wert", wie wir ihm an Wertigkeit schenken. Vor allem seitdem das Papiergeld nicht mehr als Zertifikat für einen hinterlegten Rohstoff wie Gold gilt, ist es aus einer speziellen Perspektive nicht einmal das Papier wert, auf dem diese Zahl steht. Dennoch steht es für einen Wert, dem eine bestimmte Gruppe Menschen ihm gibt. Und dies gilt es zu akzeptieren und damit zu tauschen - zu handeln.

Am Ende dieses Gedankens steht also Geld für Energie. Und Energie ist etwas, das sich dauerhaft wandelt und dauerhaft fließt. Es gibt keinen statischen Zustand der Atome, Photonen, Elektronen, Neutrinos, und wie sie noch alle heißen (werden). In der Folge sollte auch Geld nicht statisch behandelt werden. Wer eine „Energieform" (Geld/Produkt/Leistung etc.) gibt, sollte daher immer auch eine Energieform (Geld/Produkt/Leistung etc.) bekommen. Nimmt jemand nur, ohne zu geben, oder gibt jemand nur, ohne zu nehmen, entsteht ein Ungleichgewicht, das sich mal mehr, mal weniger, früher oder später offenbart. Doch wer auf welche Art diese Energie „behandelt", ist so vielen anderen Umständen und Glaubensmustern unterlegen und ist nicht Teil dieses Buches hier.

Du wirst oft Menschen treffen, die viel von dieser Energieform (Geld) haben, und du wirst erkennen, dass sie dies oftmals gar nicht durch eine besondere „Leistung" angehäuft haben. Sie

sind nicht klüger, weiser, liebevoller, herzlicher, besser oder wundervoller als du - meist haben sie es geerbt von jemandem, der klüger, weiser, schneller usw. als andere war. Eben von jemandem, der für diese Menge an Energie tatsächlich auch einen besonderen Input gegeben hat.
Aber natürlich wirst du auch Menschen treffen, die selbst ein großes Vermögen erschaffen konnten: durch ein florierendes Geschäft, eine grandiose Idee, mit viel Fleiß, einem besonderen Geschick im Umgang mit Menschen; doch auch Glück im Timing und Fügungen sowie vieles mehr spielten dabei eine Rolle. Leider nicht immer Menschlichkeit, Herzlichkeit und Liebesfähigkeit. Viel Geld anreichern zu können, ist selten ein Indiz für diese Faktoren. Im Gegenteil, oft sind diese dabei verkümmert.

Sei daher bitte wachsam und vorsichtig, wer diese Energieform wie behandelt - und wie er mit Menschen umgeht. Erinnere dich: Geld ist manifestierte Energie. Sie muss fließen, um zu wachsen. Und sie sollte immer in Balance mit dem Gegenüber agieren. Nur zu nehmen erschafft eine Dysbalance. Nur zu geben ebenso.

24

WAHRHEITSWAHRHEIT

Da jeder Mensch eine ihm ganz eigene innewohnende Wahrnehmung besitzt, empfindet jeder anders. Jeder!
Was für den Einen leuchtend schön anzuschauen ist, blendet den Anderen.
Was dem Einen missfällt, ist genau das, was der Andere liebt.
Acht Milliarden Menschen erleben also acht Milliarden Wahrheiten. Sie leben ihr Dasein mit ihren Glaubensmustern, Prägungen, Erfahrungen und Einflüssen der Umwelt und ihres körperlichen Befindens.

Und natürlich ist auch die Bewusstheit einer jeden Menschenseele ein wichtiges Element in der Wahrnehmung ein und des Gleichen. Wer sein Leben bewusster lebt, nimmt daher auch bewusster wahr, was ihm wie geschieht.
Demzufolge kommunizieren alle Menschen IHRE eigene Perspektive bzw. Wahrheit, und die vermitteln sie gerne als die EINZIG RICHTIGE. Je nach Kraftpotential des Einzelnen kann dieses Glaubensmuster dann so überzeugend formuliert werden, dass ein großer Teil an Zuhörern dies auch als die einzig richtige Wahrheit annimmt. Fest steht jedoch: Es gibt keine

wirkliche Wahrheit. Es gibt nur ein sich dehnendes, Perspektiven wechselndes Betrachten ein und der-/desselben Situation/Tatsache/Objekts. Und je mehr Perspektiven ein Mensch einnimmt, umso mehr wird sich die angebliche Wahrheit weiter und weiter wandeln. In der Wissenschaft haben wir mit den sich verändernden Werkzeugen der Technik schon so viele angebliche Wahrheiten fallen sehen, so dass auch dieser Prozess unendlich ist. Und ähnlich ist es in der Politik, Gesellschaft, Partnerschaft etc.

Wenn du also einen Menschen begegnest, der dir etwas als die einzig richtige Wahrheit übermitteln will, dann wisse: Das ist eine Lüge. Hinterfrage. Dehne dein Bewusstsein. Ändere die Perspektiven, informiere dich selbst, Forsche selbst. Erfinde neue Werkzeuge des Forschens. Wachse.
Und wenn ein Mensch oder eine Menschengruppe dich zwingt, deren angebliche Wahrheit zu leben, und dies Unterdrückung, Leid und Armut sowie Dienerschaft für dich bedeutet - dann lauf davon, suche den Abstand, so schnell du kannst, finde deine Wahrheit und lebe ausschließlich diese. Authentisch, ehrlich und wahrhaftig.

25

DIE KOSMISCHE HILFSFORMEL

Es gibt Menschen, die meinen, der Kosmos (sie nennen ihn Gott), sei ungerecht und grausam. Und in ihrer Wahrnehmung, also aus ihrer Perspektive, ist das ihre Wahrheit. Dies gilt es wertfrei zu akzeptieren. Dennoch nehme ich es anders wahr.

Die meisten von euch kennen wahrscheinlich die Fernsehshow „Big Brother". 500 Kameras filmen jeden Wimpernschlag und erst recht jedes Wort und demzufolge jeden Schritt eines Menschen, der an diesem Experiment teilnimmt. Wer sich fair, respektvoll, loyal und verständnisvoll zeigt, wird vom Zuschauer „gemocht". Das jeweilige Versuchskaninchen kann sich jederzeit dem „großen Bruder" zuwenden und ihn um etwas bitten, und wenn es in Einklang mit den Spielregeln ist, wird ihm der Wunsch erfüllt.

Nicht anders ist es im „Big Play". Der Kosmos ist Energie, die ein Feld aus Bewusstsein besitzt bzw. erschafft. Und letztlich befinden wir uns alle in diesem Energiefeld unter „Dauerbeobachtung der Energien" ähnlich den Kameras, weil wir in Interaktion zueinander und miteinander Teil dieses Feldes sind, es also mit uns „spricht".

Jedes erfahrene Glück, jeder erlebte angebliche Zufall, jede Fügung und Unterstützung, aber auch jede empfundene Unfairness sind letztlich also eine Art Antwort des Kosmos auf etwas, an dem wir anscheinend irgendwie mit beteiligt sind bzw. waren.

Auf dieser Erkenntnis aufbauend, bedeutet das, dass zwar einerseits Bewusstsein ein wichtiger Schlüssel im Verständnis und Umgang mit diesen kosmischen Antworten ist, aber es bedeutet vor allem, dass der Kosmos niemals eigenständig agiert und Dinge extra „inszeniert", um dich zu ärgern, oder dir aus „Langeweile" Dinge ermöglicht. Das genaue Gegenteil ist der Fall. Die Aufforderung, die im Matthäus-Evangelium steht: „Bittet, so wird euch gegeben ..." ist in dieser Gesetzmäßigkeit nur die halbe Wahrheit. Denn wer bittet, wird ganz sicher erhört, aber aus welcher Energetik, aus welcher Intention heraus jemand bittet, ist genauso entscheidend wie die Summe aller seiner bisher gesetzten Schritte.

Das Leben, das du lebst, ist „nur" eine Bestandsaufnahme all deiner (vielleicht Millionen) vorherigen Inkarnationen und jedes einzelnen Schrittes, Wortes, Gedankens und deiner Taten auf dieser Reise. Somit ist die Antwort des Kosmos immer auch ein Spiegel deines aktuellen Status in diesem Spiel von Aktion und Reaktion.

Und eine entscheidende Formel, dieses Spiel glücklich, freudvoll, gesund und kraftvoll spielen zu können, ist - selbst zu helfen, so viel du nur kannst. Und damit ist einfaches Helfen gemeint, kein sich selbst opferndes Retten im so gennanten Helfersyndrom.

Nicht immer „nur", wenn du direkt um Hilfe gebeten wirst, doch vor allem dann. Oftmals aber auch dann, wenn du eine Dysbalance erkennst. Nimmst du bewusst Leid und Kraftlosigkeit eines anderen Wesens wahr, hilf ihm. Auf dem Energiekonto der Antworten des Kosmos auf deine Bitten, sei es in diesem oder in folgenden Leben, wird diese Tat, dieser Impuls wahrgenommen. Nichts, was in Liebe und Hingabe getan wird, geht „verloren". Genauso wie auch alles aus Hass, Neid, Missgunst und so vielen anderen niederen Impulsen Erschaffene in dem Bewusstseinsfeld wahrgenommen und beantwortet wird.

Daher hilf, wenn du gebeten wirst, und erwarte niemals direkt eine Hilfe von deinem Gegenüber zurück. Denn dein „Gegenüber" ist nicht dieses eine Wesen, das um Hilfe bittet - es ist der ganze Kosmos, in dem du als Teil des großen Ganzen ein Baustein aus Bewusstsein bist, der ein System erhält und erschafft, das gerne hilft und Unterstützung des Liebenden und Suchenden als eines der schönsten Gesetzmäßigkeiten des Seins lebt.

26

GUTER RAT IST TEUER

Die Fernsehsendung „Sesamstraße" hat uns schon früh eine Formel mit auf den Weg gegeben. Und so hat das Echo des „Wer nicht fragt, bleibt dumm", meine Neugier immer lebendig gehalten. Doch das Fragen ist nur die halbe Wahrheit, entscheidend ist, WEN du fragst. Denn, wie du schon gelernt hast, haben zehn Menschen zehn unterschiedliche Wahrnehmungen ein und des gleichen Geschehenen. Fragt man also viele Menschen, heißt das nicht zwingend, dass man dabei eine hilfreiche Antwort findet.

Wichtig ist daher, die jeweilige Kompetenz eines Menschen zu kennen und nicht einfach nur ins Blaue hinein jeden zu allem zu befragen. Und leider gibt es in der Berufswelt zusätzlich noch einmal extreme Unterschiede in der Qualität der Antworten. Die Gefahr ist sehr groß, dass man sich zu sehr auf die (angebliche) Profession eines Menschen verlässt - und dadurch großen Schaden erleidet. Oftmals gibt es wenigstens ein Indiz für die besten, intelligentesten und durchdachtesten Antworten, und das ist der Preis der Antwort. Guter Rat ist manchmal tatsächlich sehr teuer, auch wenn dieser immer noch nicht der beste Rat sein muss. Zumindest ist das der Rat eines Menschen, der schon so viel Erfolg mit seinen Antworten hatte, dass er sich diesen eben teuer bezahlen lässt. Vor allem dann, wenn es um dein Geld geht, solltest du daher auch immer bereit sein, viel Geld in die Hand zu nehmen, um den anderen Teil deines Geldes zu beschützen.

Doch all dies wissend und beachtend, ist mein Rat für dich, dass du dich, egal zu welchem Thema, selbst fortbildest. Selber Bücher und Artikel liest. Selbst Youtube abscannst nach Mitschnitten der Vortragenden oder Seminare besuchst, so lange, bis du eine gewisse Basis an Grundwissen in dem jeweiligen Bereich empfindest. Hintergrund dieser eigenen Fortbildung ist, dass du mit etwas mehr Insiderwissen auch ganz andere Fragen stellst, und man durch diese strategische Gemeinsamkeit meist noch bessere Lösungen für dich und deinen Bedarf finden kann.
Der Kosmos antwortet dir, wenn du ihn bittest. Die Menschen antworten dir auf deine Fragen, je nachdem, welche du stellst. Stellst du die falschen oder ungenaue Fragen, so bekommst du nicht die Antworten, die dir wirklich helfen.

Ich habe es leider sehr oft erlebt, dass wirklich gebildete Menschen ihre Arbeit so lieblos gemacht haben, dass sie zwar eine Lösung wussten, aber diese nicht einmal anboten. Dies ist ein Indiz für Bewusstlosigkeit und eine damit verbundene Lieblosigkeit. Wer seinen Beruf nicht liebt, quält sich täglich durch all die vielen hilfesuchenden Anfragen der Menschen hindurch.

Und ja, jeder Mensch, der einen anderen um Rat fragt, ist ein hilfesuchender. Derjenige, der also diese Arbeit lieblos macht, ist ein Hilfeverweigerer. Ein Jammerer, ein bewusstloser, liebloser, keinesfalls gerne gebender Mensch.

Hab also Acht, wenn du Menschen begegnest, die nicht mitdenken, die dir das Gefühl geben, dass du sie nervst, ihnen Zeit raubst, sie etwas Wichtigeres zu tun haben etc. Verlasse sofort diese Situation und suche dir Menschen mit offenen, wachen, hilfsbereiten Herzen. Sie werden dir die richtigen Fragen stellen und die richtigen Antworten geben, um dir zu helfen.
Sie werden sich dir zuwenden, um wirklich eine Lösung zu finden. Kurz gesagt: Jeder, dem man die Antworten aus der Nase ziehen muss, ist deine Lebenszeit nicht wert. Im Gegenteil, es ist Zeit und Kraftverschwendung sich mit derartig verantwortungslosen und respektlosen Wesen abzugeben.

Bettle nicht, finde diejenigen, die lieben, was sie tun, und gerne antworten, wenn sie gefragt werden.

27

FREUNDESRAT – GEFAHRENRAT

Freunde sind nicht Freunde, weil sie einen in allen Belangen gut beraten können. Das kann gar nicht sein, sie sind schließlich nicht allwissend. Einen Freund, der kein Unternehmer ist, nach einem Rat zu einer Firmengründung zu fragen, ist daher so gefährlich wie den Firmeninhaber nach Familiengründungsthemen zu befragen.

All zu oft wird die Bezeichnung „Freund" oder gar „bester Freund" völlig falsch gedeutet und damit auch völlig falsch interpretiert. Das kann fatale Folgen haben, denn so manche gute Geschäftsidee wurde von den Freunden als zu riskant oder unnütz abgeschmettert. Wie auch so manche Familienplanung auf völlig falschen Erwartungen basierte. Beispiele für diese Problematik gibt es viele, wichtig ist für dich heute nur die Essenz: Frage nicht nur deine Freunde, frage immer auch andere und/oder gar deine „Feinde"!

Doch vor allem frage dich selbst und höre auf dein Bauchgefühl sowie auf dein Herz, bevor du deine Schritte setzt. Recherchiere gut, mach Umfragen, bevor du in ein Lebensprojekt investierst, und kaufe dir den Rat von Profis ein, die dich ganz neutral auf der Basis ihrer Profession abfragen und beraten. Freunde können dabei oftmals nur stören und bremsen … leider.

28

DIE FALSCHE ATTRAKTION

Dass „der Mensch" gerne über andere urteilt, ohne selbst perfekt zu sein, haben wir schon erfahren, doch möchte ich hier die Aufmerksamkeit auf eine ganz besondere Problematik bezüglich Bewertungen lenken, welche ausschließlich auf dem Glaubensmuster des Einzelnen gründen.

Wir alle besitzen ein gewisses ästhetisches Empfinden, man kann es auch Geschmack nennen. Dieser Geschmack, als Ergebnis von vielerlei unterschiedlichen Einflüssen, wurde also als ein Glaubensmuster geformt. Und so verhält es sich auch mit der Wahrnehmung von Schönheit. Jeder hat eine andere Definition davon. Andere Zeiten, andere Sitten, andere Geschichten. All das spielt mit in diesem Glaubenssystem. Das ist so lange wertfrei, wie dieses Bewertungssystem andere Menschen nicht degradiert, beispielsweise dicke Menschen schlechter behandelt oder Menschen mit Behinderungen ausgrenzt. Doch genau das geschieht. Es ist statistisch erwiesen, dass schönere Menschen es leichter haben, Beachtung zu finden. Sie gelangen schneller zum Erfolg und müssen auf dem Weg dahin auch weniger Hürden nehmen. Das heißt im Umkehrschluss, dass die weniger attraktiven Menschen es also schwerer haben. Und auch hier muss ich die Aufmerksamkeit auf die Lieblosigkeit bzw. Bewusstlosigkeit der Bewertenden richten. Niemand ist intelligenter, weil er schöner ist, niemand ist weiser, weil er attraktiver ist, und niemand ist ein besserer Mensch, weil er nett anzuschauen ist. All das sind Luftschlösser an Glaubenssystemen, die du kennen musst.

Diese Welt ist eine visuelle Welt, und was auch immer in deiner Zeit und in deinem Volk als attraktiv empfunden wird, ist ein wichtiger Maßstab der Bewertung anderer. Sie sehen nicht zuerst deine Liebesfähigkeit. Sie sehen nicht zuerst deine Weisheit, deine Klugheit und deine Bewusstheit. Nein, sie sehen nur dein Äußeres, weil sie selbst, wie schon erörtert, viel zu wenig Zeit, Lust, Kraft und Freude empfinden, sich dir intensiver zu widmen.

Das musst du wissen, um mit diesem Wissen, das Spiel richtig zu spielen. Sehr viele Menschen sind oberflächliche Wesen, und nur bewusste Menschen werden dich in deinem Innersten erkennen und schätzen. Das sind nach heutigem (2022) Stand weniger als ein Prozent der Erdbevölkerung. Wundere dich daher nicht, wenn du zu 99 Prozent mit dieser Oberflächlichkeit konfrontiert wirst.

Wisse es, lebe damit und erschaffe dein Leben so, dass dich diese 99 Prozent Fehlurteile (über dich) allenfalls amüsieren, unterhalten, aber niemals bremsen.

29

LEICHENGÖTZEN

Missverständnisse pflastern der Menschheit Weg. Der Grund dafür ist so vielfältig wie des Menschen Wahrnehmung. Doch überwiegend ist es Faulheit, tiefer zu forschen, ob eine Information wirklich die einzig richtige ist, sowie auch Faulheit in der Kommunikation untereinander. Dazu kommt dann noch eine gewisse Unaufmerksamkeit aufgrund einer anhaltenden Überforderung. Wenn zu diesen Komponenten des unbewussten Mensch-seins nun noch zusätzlich von ein paar Mächtigen dieser Welt das Wundermittel „Angst" zur Manipulation des Geistes eingesetzt wird, dann beginnen die taumelnden Unbewussten zu „glauben".

Dieser Glaube ist also auf Angstenergetik gebaut, und alles, was ihm entspringt, wird diese Angst füttern. Egal welche Geschichte nun erzählt wird, sie wird, siehe oben, von der großen Masse nicht hinterfragt (Faulheit), und so auch nicht aus anderen Blickwinkeln betrachtet (Überforderung).
Und wenn dann die Spiele der Mächtigen die Masse in Armut versetzen, können die Angstgeschichten noch leichter erzählt werden, weil allein der Überlebenskampf alle Aufmerksamkeit

auf sich zieht. Wodurch die Überforderung des Mensch-seins zum Dauerzustand des Seins erfahren wird.

Und so kann es tatsächlich passieren, dass ein ursprüngliches Mahnmal an die Menschheit zu einem Götzenbild uminterpretiert wird. Ein und die selbe Bildbotschaft in einem völlig anderen Kontext missverstanden wird.
Wer auch immer Jesus war, und was er wirklich konnte und erschuf, können wir nie vollends recherchieren. Doch seine Geschichte ist mit einem Bild „gekrönt". Das Bild des sterbenden, leidenden Körpers, der an ein Kreuz genagelt unendliche Schmerzen erleiden musste. Man könnte das als Mahnmal erkennen dahingehend, wie grausam, brutal, bewusstlos und dadurch schlicht im Geiste, aber auch wie lieblos im Herzen die Entscheider - und damit die Verursacher - dieses Schicksals waren. Man könnte es als Warnung dafür erkennen, was mit Menschen geschieht, die Liebe und Liebesbotschaften, Herzlichkeit und Freundlichkeit, Mitgefühl und Barmherzigkeit, ja bewusstes Sein und Handeln verkünden und leben. Als Mahnung zur Vorsicht und zu noch mehr Abstand im Wirken in derartigen Energien. Denn sie „stören" die Mächtigen. Sie stören ihre „die Menschheit wie Sklaven für sich nutzenden Strukturen".

Doch wie geht das, dass man einerseits die Warnung bestehen lässt, andererseits aber die Gefahr darin nicht sichtbar wird?

Besteht da nicht die „Gefahr" einer Erkenntnis in der Masse der Sklaven ...? Nein, nicht wenn ein Glaubensbild erschaffen wird, das mit Schuld und Sünde arbeitet, und im eigentlichen Opfer menschlicher Grausamkeit eine Art Held gesehen wird. Bingo. Jetzt beten sie das Opfer an und halten dadurch ganz freiwillig an einem Leidenskult fest. Nicht vergessen: Dieses Bild stellt einen Menschen dar, der durch MENSCHLICHE (nicht durch Maschinen oder Aliens erschaffene) Grausamkeit stirbt. Es ist Menschenwerk. Es ist der Spiegel eines Wesensanteils in ihnen, der das Morden, Foltern und Verletzen auch in sich trägt. Und darauf, nur darauf will uns der Sterbende am Kreuz hinweisen.

Wer dieses Bild als Anker für eine Angstkultur voller Schuld und Sünde nutzt, hat noch immer nicht verstanden, dass Angst eine Geisteskrankheit ist, die vor allem ein Ziel hat - die Seele nicht wachsen zu lassen. Denn die sich befreienden Menschenseelen sind nicht mehr als Sklaven zu gebrauchen.

Alles hinterfragen, andere Perspektiven einnehmen, sich eigene Meinungen bilden usw., all das wäre sehr gefährlich für die Mächtigen, denn das würde ihnen die Macht entziehen.

Wenn Menschen erkennen, dass sie niemandem außer sich selbst wirklich dienen, sind sie nicht mehr manipulierbar. Und wenn sie die Kraft haben, diese Erkenntnis dann auch noch in Taten umzusetzen, sind sie nicht mehr kontrollierbar. Also bleibt nur, sie unbedingt weiter glauben zu lassen, dass das Anbeten dieser Leiche gut, richtig und heilsam - doch vor allem „erlösend" ist ...

30

OBERFLÄCHENRAUSCHEN

Ich bin einigen sehr liebevollen, sehr begabten, hilfsbereiten und fördernden Menschen begegnet, die für die große Gemeinschaft Menschheit wirklich essentielle Veränderungen in Bezug auf Gesundheit und Kraft bewirken könnten. KÖNNTEN. Ja, könnten. Weil ihnen etwas Entscheidendes fehlt, das so manch anderer, nicht liebevoller, nicht begabter, nicht hilfsbereiter und fördernder Geist aber hat: die Aufmerksamkeit der Medien - den heimlichen Lenkern auf diesem Planeten.

Solange „kein Schwein" von deinen guten Taten und den guten Impulsen erfährt, verpuffen diese in der Masse der laut schreienden Möchtegerns, die oft einfach nur genügend Geld haben, um sich die Aufmerksamkeit zu kaufen, oder einen familiären Hintergrund, der ihnen die Aufmerksamkeit ermöglicht. (Nicht nur die Royals …)
Nicht zu vergessen, dass die gekaufte Werbung auch viel Platz einnimmt bzw. anderen wegnimmt, und dadurch weniger Raum für die wirklichen Helfer und Heiler dieser Welt zur Verfügung steht. Immerhin braucht es wirklich viel Zeit, um die Interessen der Politiker verständlich aufzubereiten, so lange, bis alle ihnen

wie Lämmer fraglos und gedankenlos folgen.

Und wenn der Initiator nur eine einzige Person ist, dann wird es erst recht „spannend". Denn wenn diese eine Person so viel Aufmerksamkeit bekommt, dass sie ganze Völker (Follower) hinter sich stehen hat, dann kann es leicht passieren, dass Gott gespielt wird. Nicht klüger, nicht schneller, nicht besser, nicht weiser, nicht herzlicher, liebevoller, bewusster und hilfreicher als all die anderen – nein … nur bekannter als all die anderen. DAS ist der Schlüssel. Doch ob nun Staaten, Gemeinschaften oder einzelne Personen die Aufmerksamkeit lenken, es gehören immer zwei zu diesem Spiel: Die Lämmer und die Wölfe. Denn kein Lamm wäre Teil der Gefolgschaft, wenn es dieses Spiel erkennen würde und die Maskerade der angeblichen Helden und angeblichen Visionäre durchschauen würde. Dies tun aber die Wenigsten, daher bleibt in meinem Buch der traurigen Wahrheiten nur festzuhalten:

Nehmt euch in Acht vor den angeblichen Helden dieser Welt. Schaut GENAU hin, und dann entscheidet, ob ihr diesen Masken weiterhin folgen wollt oder den wirklichen Helden dieser Welt.

31

DER NABEL DER WELT

Zeit deines Lebens wirst du ausschließlich über deinen Körper empfinden. Die Sinne dieses Körpers sind deine Werkzeuge dieses Lebens. Je nach Ausprägung - mal mehr, mal weniger. Und dieser Körper hat eine Form, eine Grenze. Alles, was über diesen Körper hinausgeht, scheint unmöglich auch zu empfinden. Ist es aber nicht. Doch das ist ein anderes Thema.
Diese Begrenzung in deiner Wahrnehmung ist der Grund, warum du dich manchmal abgetrennt, alleine, einsam, in jedem Fall aber ausschließlich auf dich selbst fokussiert empfindest. Was woanders passiert, tangiert dich nicht, es ist weit weg. Erst wenn es deinen Körper erreicht, ihm Schmerzen zufügt, beginnst du es „wirklich" wahrzunehmen. Wie in einem Kokon befinden wir uns daher alle in einer gewissen Realitätsverzerrung. Denn der Schmerz des Anderen ist eine Realität - wir fühlen ihn nur nicht.

Abgesehen davon, dass diese Verkapselung „egozentrische" Verzerrungen ermöglicht, birgt sie noch eine ganz andere, viel gefährlichere Wahrnehmungsverzerrung: Wenn ein Mensch nur noch sich selbst wahrnimmt, hat das zur Folge, dass es -

und leider trifft das auf den größeren Anteil der Menschheit zu - meint, er sei der Mittelpunkt allen Geschehens. Was er will, muss umgesetzt werden, was er glaubt, ist die einzige Wahrheit. Wie andere fühlen, interessiert ihn nicht, solange er keinen Schmerz empfindet. Auspeitschen, vergewaltigen, steinigen, köpfen, hängen und so vieles mehr ist menschengemacht und nicht ein kurzer Ausrutscher einer dauerhaft seelisch, liebevollen Rasse.

Daher sei vorsichtig. In dieser Arena triffst du zwar auf Menschen, doch sie fühlen dich nicht, sie erkennen dich auch meist nicht wirklich tief in dir, sie interessieren sich nicht für dich, und sie sind in ausschließlicher Bereitschaft, dich im Überlebenskampf sofort zu töten oder dir aus anderen Gründen Leid zuzufügen. Denn sie sind der Mittelpunkt ihrer Wahrnehmung, der Mittelpunkt ihres Seins. Und nichts anderes.
Du erreichst sie weder mit Worten noch mit Taten, wenn ihre Bereitschaft zu einem Perspektivwechsel nicht gegeben ist.

Sei wachsam, schau genau hin, ob sie wie Tiere auf der Lauer liegen, um zu überleben - oder ob sie schon lieben.
Du wirst einsam sein in diesem Anspruch, aber du wirst weniger Gefahren begegnen. Wähle selbst.

32

DIE HYBRIS DER ERWARTUNGSHALTUNG

Da, wie schon weiter oben erörtert, fast jeder Mensch, der sich überwiegend in der „seelischen Bewusstlosigkeit" befindet, sich selbst ausschließlich als Mittelpunkt der Welt empfindet, hat er auch ausschließlich aus ihm selbst entstandene Erwartungen. Vor allem aber Erwartungen an die anderen. Als seien sie heimliche Götter, erwarten die Menschen voneinander, dass alle anderen ihre Gedanken lesen können, wissen, wie es ihnen geht (ohne dass man darüber gesprochen hat), erkennen, was man sich wünscht - und dann bitte sind diese Erwartungen, egal welche, zu erfüllen.

Doch diese Haltung ist nicht nur grundlegend größenwahnsinnig, sie ist auch noch gefährlich. Denn sie kann krank machen. Den Größenwahnsinnigen im Geiste, alle, dauernd in Ungnade fallenden, weil die Erwartungen nicht erfüllenden - körperlich und geistig krank.

Aber wie kommt jemand dazu, von dir zu erwarten, dass du SEINEN Ansprüchen gerecht wirst? Wer ist diese Person? Dieses Wesen? Dieser Mensch? Was genau hat er der Gesellschaft geschenkt, gegeben, Erfüllendes gebracht, um auch nur ansatzweise in eine Haltung voller Erwartungen an dich zu kommen? Ist er Gott? (Der übrigens tatsächlich nichts anderes für dich möchte, als dass du glücklich und voller Freude dein Leben genießt.)

Erwartungen sind etwas ganz Gefährliches für dein wahres Ich. Denn du könntest dich dabei verlieren, anderen zu gefallen, zu gehorchen, ihr Spiel zu spielen, um nur ja ihren größenwahnsinnigen Ansprüchen gerecht zu werden.
Aber das Leben besteht nicht im Bedienen der Erwartungshaltung anderer Personen, es ist das Werden des Selbst. Und das hat maximal mit der eigenen Erwartung etwas zu tun (und selbst diese sollte sich in einem gesunden Fluss halten), aber auf keinen Fall und niemals darf dieses „man selbst werden" ein Prozess sein, der einen von sich selbst entfernt, weil er anderen Erwartungen dient.

Daher ist die Innenschau, das sich selbst Spüren, Fühlen, Abtasten, Agieren und Eruieren der einzig richtige Weg durch diesen Dschungel der Darsteller, die meinen Götter zu sein und über dein Leben bestimmen zu dürfen.
Erkenne das und steige aus diesem dummen, dich kostbare Lebenszeit und noch kostbarere Seelenenergie raubenden Spiel aus. Und lass dich nicht verführen, selbst aufgrund von Grö-

ßenwahn und Illusion anderen Menschen deine Erwartungspresse aufzubürden.
Das haben sie nicht verdient. Liebe, was du siehst, oder gehe dorthin, wo du Liebe fühlst.

33

WER BIST DU WIRKLICH?

Die meisten Menschen stellen sich diese Frage nie, einige zumindest dann, wenn sie einer großen Blockade in ihrem Leben begegnen. In jedem Fall sind es aber viel zu wenige. Dabei sollte gerade diese Frage der Anfang aller Schritte in unserem Leben sein.

Wer sich nicht fragt, wer er wirklich ist, der weiß keinesfalls, was er und wie er leben will. Der kann sich nur in einem taumelnden Tagein-Tagaus erleben und nicht in einem selbstbestimmten kreierenden Leben. Das Stolpern von Situation zu Situation erschafft dann ein Drama nach dem anderen. Dann wird das große Jammern das Leben bestimmen und die Opferrolle gelebt. Doch ist das wirklich Leben? Die Frage nach dem „Wie" kann sicher nur jeder für sich selbst beantworten, ich kann hier nur das Indiz für bewusstes Sein benennen: Erfülltes glückliches Sein.

Begegnet ein Mensch einem anderen mit einem Lächeln, so trägt er diese Erfüllung in sich und weiß, wer er ist, warum er ist, und wie er sein Schicksal gestalten will. Ist er voller Gram, trägt er dieses Gefühl nicht in sich.

Energien lügen nicht.

Man kann sie nicht austricksen, kaufen, bezwingen oder anderweitig manipulieren. Energien sind der Indikator des Kosmos, denn sie sind die einzige Realität. Spätestens nach dem Ableben wird diese einzige Realität wieder klar erfahren, und spätestens dann weißt du, wer du in diesem Meer aus Energien wirklich bist. Schade nur, wenn dann ein Leben voller verschwendeter Chancen hinter dir liegt, die dieses Ich hätten noch schöner, doch vor allem noch größer, nämlich energiereicher, hätten machen können.

Finde heraus, wer du wirklich bist, und lebe ausschließlich die Antwort.

Hilfe findest du dafür unendlich.

34

WAHRE FREUNDE – WAHRE LIEBE

Auf einem Planeten der Be- und Verurteilung ist es die Meisterprüfung, man selbst zu werden und dann auch zu bleiben.

Wenn man sich bemüht, NICHT zum eigenen Nachteil be- oder verurteilt zu werden, kann dies eine ganz entscheidende, große Gefahr mit sich bringen: Das Verbiegen des eigenen Ichs. Man glaubt dadurch Liebe zu bekommen, was aber nichts anderes ist als die Illusion, Liebe über die Manipulation entweder von sich selbst oder durch andere zu erfahren.

Doch Liebe ist nicht käuflich und lässt sich auch nicht über Manipulation ergaunern. Liebe ist die universelle Energie, die neben dem kosmischen Bewusstsein überall existiert. Das bedeutet, dass jemand, der diese all-verfügbare (Liebes)Quelle nicht fühlt, lediglich eine verzerrte Wahrnehmung des großen Ganzen hat. Eine abgetrennte Wahrnehmung in einem Kosmos voller All-Liebe. Sich die Sehnsucht nach Liebe dann über Eigen- oder Fremdmanipulationen zu erfüllen, ist ein Fass ohne Boden, das nicht nur sinn-los ist, sondern auch viel kosmische Währung, nämlich „Lebensenergie" kostet.

Ja, wir sind eingebunden in ein System von Geben und Nehmen, von Resonanzen und Dissonanzen, von Aktion und Reaktion, doch darf nicht der Tanz um Aufmerksamkeit und Liebe die Bewegungen lenken, sondern die eigene Entfaltung.
Wer authentisch, liebevoll, respektvoll, empathisch und freundlich agiert, lebt diese Entfaltung. Die Menschen, die das erkennen und würdigen, können zu wahren Freunden werden. Genauso wie diejenigen, die es lieben, zu den wahren Liebespartnern werden können.

Es gilt daher in erster Linie man selbst zu werden, um dann aus dieser Kraft heraus nur mit den Menschen in Resonanz zu gehen, die das so, wie es ist, mögen und lieben. Jedes „Sei anders …, Sei so oder so …, Hör auf dies …, Mach endlich das …" ist ausschließlich ein Aufruf, solche Menschen und den Ort zu verlassen, denn sie erkennen dich nicht, wie du wirklich bist. Geh von ihnen weg, verbiege dich nicht, manipuliere dich nicht selbst und verschwende keine Energie in die Hoffnung, dass sich das ändert, wenn du nur … Das ist eine Lüge und ein Verbrechen an dir selbst; es beraubt dich deiner kostbaren Lebenszeit und vor allem deiner Lebenskraft.

Suche nicht nach denen, die dich erkennen, werde von ihnen gefunden! Sei du in deiner besten Form, und wem das nicht gefällt, der soll dich bitte in Ruhe lassen.
Liebe sieht anders aus und Freundschaft auch.

35

SPIEGELKABINETT

Leben ist Reibung. Jede Interaktion mit anderen Menschen erzeugt Resonanzen. Und diese Resonanzen sind die Spiegelung deines Wirkens. Doch Achtung: Die Spiegel selbst sind nicht nur individuell, sondern oftmals auch verzerrt.

Nur weil ein Mensch eine bestimmte Reaktion auf dein Wirken zeigt, heißt das nicht, dass dein Impuls auf alle so wirkt. Und: Selbst wenn dein Impuls in einer großen Masse die gleiche Reaktion hervorruft, so bedeutet das nicht zwingend, dass die Wertung dieser Masse ein Indiz für ein Richtig oder Falsch ist. Denn zu einem großen Teil spiegelt dir da Unbewusstheit entgegen.
Du darfst also niemals die „Antwort der unbewussten Masse" als Indikator für dein Verhalten oder gar für Verhaltensänderungen nehmen.

Es gilt daher einerseits zu erkennen, dass es überwiegend unbewusst agierende Menschen sind, die auf deine Impulse reagieren, und du andererseits deine Impulse dahingehend modellieren kannst, dass die unbewusste Masse versteht, was du übermitteln möchtest.

Dabei ist das eigene Bewusstsein auch ein wichtiger Indikator dafür. Das Sprichwort: „Wie du in den Wald hineinrufst, so kommt es zurück" bekommt damit eine neue Dimension. Denn wie du deine Impulse lenkst, so antwortet dir das Gegenüber. Solange du dich an anderen Menschen aufreibst, wirst du nicht richtig verstanden. Schau auf diese Spiegel und modifiziere deine Impulse, ohne dich dabei selbst zu manipulieren. Ein schmaler Grad, aber eine schöne Aufgabe.

Lausche den Resonanzen, sei wachsam, wie sie dir antworten, und fühle in dir, wo du wie noch besser verstanden werden könntest. Und fühle, wo man dich überhaupt nicht versteht. Verlasse diese Menschen und Orte, um dich zu schützen. Denn „überreden" oder „überlisten" kannst du das Schicksal nicht ...

36

SINNSUCHER

Es liegt in der Natur des Menschen, dass er sein Leben als wertvoller empfindet, wenn er eine Aufgabe hat. Sei es, gebraucht zu werden oder etwas zu erschaffen, welches Motivation erschafft, die viel Kraftpotential in sich trägt. Kraft zu sein, Kraft zu leben, Kraft zu wachsen. Je nach Bewusstseins- und Bewusstheitsgrad, aber leider auch aus einer gewissen Motivationslosigkeit stößt jeder Mensch dabei auf die große Frage aller Fragen: Was ist der Sinn des Lebens?
Doch wie intensiv sich jemand dieser Frage widmet, entscheidet - was sonst? - der Grad der Bewusstheit.
Neigt ein Mensch generell dazu, vom Überlebenskampf dauerhaft überlastet zu sein, dann wird er dieser Suche nicht viel Aufmerksamkeit geben (können). Setzt jemand aber klare Strukturen und Prioritäten in seinem Leben, dann ist die Wahrscheinlichkeit höher, dass er tiefer reflektiert, was ihn wie bewegt.

Dir werden daher Menschen begegnen, die den Sinn ihres ganzen Daseins auf die Fortpflanzung begrenzen: Kinder bekommen, Kinder aufziehen, nicht mehr und auch nicht weniger. Wieder andere sind zu sensibel für die groben Umgangsformen der Menschen und „flüchten" in die Dienerschaft einer Religion, um sich selbst zu finden. Ob das tatsächlich gelingt, indem man auf die „Kulinarik des Lebens" verzichtet, sei dahingestellt.

Noch andere meinen, ausschließlich durch das Anschaffen großer materieller Werte auch große Bedeutung in ihrem Leben zu erschaffen - und vergessen dabei, dass sie all das vergängliche, ach so angeblich „wertvolle Gut" nur dem Planeten hinterlassen, wenn sie ihn verlassen.

Die Beispiele sind unzählig, die Projektionen und Illusionen deshalb auch.

Wenn du es als bereichernd empfindest, deinem Leben einen übergeordneten Sinn zu geben, dann habe den Moment, an dem dieses Leben enden wird, immer im Blick.

Erschaffe „Sinn-volles" immer unter dem energetischen, seelischen Aspekt, denn die Materie zerfällt und vergeht schneller, als du glaubst. Sie ist nur Werkzeug für etwas ganz anderes. Sie vergeht, sie verschleißt, sie vermodert.

Doch in dir trägst du etwas, das Zeit und Raum überwindet und übersteht. Mit jedem Moment jedoch, jeder Geste, die du diesem „Etwas" widmest, erschaffst du wahren Reichtum. Seelischen Reichtum, den dir niemand, wirklich NIEMAND mehr nehmen kann. DAS ist dein ewiger Schatz.

37

ANGST FRESSEN SEELE AUF

Der Kosmos besteht aus Energie, in welcher sich individuelle Energiefelder bilden, gespeist und gelenkt durch ein individuelles Bewusstsein, das natürlich auch Teil des großen Energie- bzw. Bewusstseinsfeldes ist und immer bleibt. Was wir auf der Erde als Magnetismus empfinden, ist nur eine Ausdrucksform des „Mechanismus der Bewegungen" im Kosmos. Über Anziehung und Abstoßung findet so Gleichschwingendes zu Gleichschwingendem und stößt auf ganz natürliche Weise das Andersartige ab.

Im Kosmos der Anziehung und der Abstoßung lenken daher ganz simple Abläufe von Ja und Nein die Bewegungen. Angst gibt es dabei nicht. Allenfalls eine Dissonanz, aber keine Angst. Angst ist daher etwas rein Weltliches. Etwas, das nur im Körper erfahren wird. Ist ein Mensch also sehr mit sich im Reinen, sich der kosmischen Energien und ihrer Prinzipien des Energieflusses bewusst, so wird er weniger bis gar keine Ängste in sich fühlen. Ist ein Mensch aber ausschließlich mit dem weltlichen Denken und Fühlen verhaftet, so ist er einerseits empfänglicher für die Manipulationen im Außen und produziert andererseits darauf basierend viele Ängste. Dass Menschen zum Drama neigen, schürt die Energien der Panik umso mehr, anstatt in kosmischem Vertrauen und Gelassenheit zu schwingen.

Das sollte generell aber wertfrei bleiben, schließlich kann sich jeder Mensch jeden Tag dazu entscheiden, seine Aufmerksamkeit doch (auch) dem großen Ganzen mehr zu widmen, anstelle sich im Drama zu verbrennen. Da wir im Körper aber auf einer linearen Zeitlinie empfinden, sind die Momente der Ängste, der Paniken und der Hysterie nicht nur „verlorene" Momente, sondern sie sind auch verlorene Energie. Verlorene kosmische Währung.

Es mag daher profan und eher „normal" anmuten, ein paar Ängste in sich zu tragen und sein Leben aus diesen Energien heraus zu formen, aber am Ende ist es doch so viel mehr. Die gleiche Zeit nämlich, die gleichen Momente und Entscheidungen hätten ohne Angst ein ganz anderes Leben kreiert.
Angst ist aber auch „nur" ein Indiz für ein sinkendes Energieniveau. Und auf diesem Abstieg finden sich noch viel mehr Ausdrucksformen. An dieser Stelle möchte ich daher auf die wunderbar zusammengefasste „Leiter der Bewusstseinslevels" von Dr. Hawkins hinweisen. Sie bildet schön die Gefühlsmanifestationen des jeweiligen Seelen- bzw. Bewusstseinszustandes ab, und dies kann sehr helfen, den eigenen Bewusstseins- und Energiezustand anhand des sich ausdrückenden Gefühls zu erfahren.

Von dort aus kann man viel bewusster die nächsten Schritte aus der Angst heraus in die Kraft der Liebe setzen.

PS: Ich referiere hier nicht über Vorsicht, das ist ein ganz anderes Thema und hat nichts mit den hier beschriebenen zerstörerischen Manifestationen der Angst als krankhafte Wahrnehmungen zu tun.

38

DER TÄGLICHE AUFRUF GANZ DU SELBST ZU WERDEN

Ich begegne vielen Menschen, die davon reden, dass sie davon träumen, einmal einen richtigen Selbstfindungskurs zu machen, die Perspektive zu wechseln und sich selbst noch klarer zu definieren. Machen tut es leider fast niemand von ihnen.
Und ich begegne vielen Menschen, die so unglaublich überlastet und eingespannt in den „Überlebenskampf" sind, dass sie keinen Moment der Stille erfahren, sondern wie in einem Hamsterrad das Leben ohne Intensität, ohne Rast und in dauernder Überforderung erfahren.

Aber dem muss so nicht sein. Dieses Kapitel ist dazu da, dich daran zu erinnern, dass du JEDEN MOMENT dazu nutzen kannst, innezuhalten. Dich zu hinterfragen, wer du bist, was du bist und wohin du wachsen willst. Ob du überhaupt wachsen willst und wie, ist alles wertfrei, doch lass dir von mir Gewissheit schenken, dass die Stille eine wunderschöne und unerwartet spannende Reise ist. Der Kosmos ist ein täglicher Aufruf, dass du ganz du selbst wirst, ohne dass er dabei laut ruft. Er ist einfach da, sodass du, wann immer du bereit bist, diesen Weg zu gehen, alles vorfindest, was du brauchst.

Die Fülle, die uns umgibt, wird dann zu einem Werkzeugkasten der Entfaltung.

Es kostet dich „nur" einen einzigen Entschluss, aus dem Hamsterrad in die neue Perspektive zu wechseln und von dort aus deinem Ich, DIR, deiner Seele, deiner Ewigkeitsenergie mehr Aufmerksamkeit zu geben.

Freude, Erkenntnis und Erfüllung werden deine Geschenke sein.

39

DIE ILLUSION DER PROJEKTION

Ich weiß leider nicht, wo genau dieses Glaubensmuster seinen Ursprung hat, aber ich vermute durchaus auch eine ganz besondere Portion Arroganz dahinter, wenn ein erwachsener Mensch allen Ernstes glaubt, dass er über eine ganz bestimmte dauerhafte Einwirkung – man könnte diese auch als Manipulation bezeichnen - auf einen anderen erwachsenen Menschen, diesen verändern könnte.
Das setzt ein wirklich interessantes Denken voraus.
Einerseits, dass der Manipulierende wirklich glaubt, dass er das einzig Richtige tut, ohne überhaupt für möglich zu halten, dass es auch noch andere Sichtweisen und Wahrnehmungen gibt.
Andererseits, dass er sich selbst für Gott hält, und den zu Manipulierenden für veränderungsbedürftig einstuft.
In jedem Fall aber ist ein derartiges Denken sehr fragwürdig und zeugt nicht von Toleranz, sondern ist eine Doktrin. Und vor allem ist es eine Illusion. Menschen, die derartig denken, verschwenden nicht nur wahnsinnig viel Kraft in diesem Handeln, sie vergeuden ihre eigene sowie die Lebenszeit der angeblich zu Manipulierenden.
Denn wirkliches Wachstum, wirkliche Erkenntnis kann nur aus

dem Inneren eines Menschen selbst geschehen, weil es Bereitschaft fordert. Und diese Bereitschaft prüft der Kosmos - wie soll es anders sein? - über die Aufmerksamkeit.
Wirkt einer von außen auf jemanden ein, der gar nicht bereit, also nicht empfänglich für diese Impulse ist, so fruchten sie nicht, und das stößt beiderseitig auf Unmut, Frust und Komplikationen. Kann jemand aber aus sich selbst heraus erkennen, wo er was, wie und wann am liebsten ändern möchte, so kommen ganz andere Dinge in Bewegung, die niemals von außen initiiert hätten werden können.

Jemanden in seiner Wesensstruktur verändern zu können, ist eine Illusion. Und die Ursache dafür ist eine Projektion. Beides ist nicht gesund.
Triffst du auf Menschen, die dich verändern wollen, renne davon, weit weg aus dem Radar der Hybris dieser Menschen in deine Wahrheit hinein.

Ertappst du dich selber dabei, an einem anderen Menschen dies oder das nicht zu mögen und ihn verändern zu wollen, dann lass los. Lass diese Seele in ihrem Frieden oder Unfrieden sie selbst sein. Du bist nicht Gott, du hast nicht das Recht diesen Menschen zu verändern, und solltest du das glauben, so bezahlst du diese Illusion mit einem sehr hohen Preis. Deiner Lebenszeit.

Wäge ab und lerne zu lieben, was du siehst. Wenn du es nicht liebst, verändere es nicht, sondern gehe weiter bis an den Punkt, an dem du etwas findest, das du so liebst, wie es ist.

40

EINZIGARTIGKEIT

Auch wenn es sich um eine einfache Wahrheit handelt, ist es nicht leicht, wirklich tiefgreifend zu verstehen, dass es dich nicht zweimal im ganzen Universum und damit auch auf der Erde gibt. Diese Einzigartigkeit kann von so mancher „größenwahnsinnigen Seele" völlig falsch verstanden und missbraucht werden, doch möchte ich das positive Potential, das sich daraus entwickeln kann, beleuchten.
Ja, es gibt dich tatsächlich nicht zweimal. Und das macht dich einzigartig, individuell und unverwechselbar. Übst du die Entfaltung dieser Besonderheit an Energie, die du bist, so wirst du immer einzig-artiger. Lebst du aber eher das Animalische in dir (Essen, Schlafen, Fortpflanzen, Konsumieren), dann wird sich deine Individualität nicht weiter entfalten, sondern eher die Angleichung an die Masse suchen. Doch das ist wertfrei gemeint und gar nicht Thema dieses Kapitels.

Ich möchte darauf hinweisen, dass die bereits angesprochene individuelle Wahrnehmung eines jeden Einzelnen dazu führen kann, dass man denkt, jeder empfinde, fühle, denke, leide und hoffe wie der Andere. Man geht pauschal davon aus, weil die anderen auch (zumindest meistens) zwei Beine haben, zwei Arme und einen Kopf, dass diese genauso sind wie man selbst. Aber das ist überhaupt nicht der Fall. Denn jeder ist eben einzigartig, und je nachdem wie wachsam er seine Individualität lebt, umso klarer ist die Unterschiedlichkeit zwischen Mensch und Mensch.

Die anderen sind also nicht wie du.

Erkenne das Potential darin und höre auf zu erwarten, dass die anderen deine Geschwindigkeit, deine Sichtweise, deine Klugheit, deine Verspieltheit, deine Ängste oder deine Größe und so vieles mehr haben - NEIN, haben sie nicht. Und zwar gar nicht. Im Gegenteil, sie sind ganz ganz anders als du. Erkenne das, und liebe es - oder erkenne es, und geh in Abstand dazu. Geh diesen Weg, aber geh ihn friedlich, und wenn du das nicht kannst, dann erwarte nicht, dass die anderen bei deinem Kampf mitspielen.

41

LÜGEN HABEN EINEN GRUND

Wir alle sind schon einmal belogen worden, und wir haben auch selbst schon gelogen.
Lügen. Der eine nennt es flunkern, der andere spricht von einem schweren Betrug - auch bei diesem Thema sind die Wahrnehmungen so unterschiedlich wie die Menschen selbst. Doch warum lügt der Mensch?! Ganz sicher nicht aus Langeweile. Es findet sich immer irgendein Impuls vor der Tat.
Hast du dich einmal gefragt, welcher das ist? Ich habe das und bin auf folgendes Ergebnis gestoßen: Menschen lügen meist aus Angst. Angst, einen Menschen zu verletzen, Angst ertappt zu werden, Angst missverstanden zu werden, Angst nicht geliebt zu werden, Angst verstoßen zu werden und so weiter und so weiter. Die Angstliste kann beliebig weitergeführt werden.

Etwas schwieriger zu entdecken ist die versteckte Angst hinter der Manipulation durch Lügen. Derartige Menschen meinen, ohne Angstimpuls zu handeln, doch scheint es ja dennoch etwas zu geben, das sie ängstlich genug macht, nicht über die Wahrheit zu agieren, sondern über die Lüge.
Wir werden also angelogen, weil jemand Angst davor hat die

Wahrheit zu sagen. Warum hat dieser Mensch Angst? Weil wir ihn verlassen, wenn er ehrlich ist? Weil wir unfreundlich sind, ihm Schmerzen zufügen, wenn er ehrlich ist? Oder anders herum, warum lügen wir? Weil der Mitmensch, sei es beruflich oder partnerschaftlich sehr unangenehm ist und uns das Leben vielleicht noch schwerer macht? Weil er uns bestrafen würde und wir diese Art der Verurteilung und Bewertung nicht möchten?
Nun, die Gründe sind auch hier vielfältig. Ich möchte dich dennoch dazu aufrufen, sie zu finden. Warum wirst du oder wurdest du angelogen, und warum und wann lügst du?

Sollten wir nicht alle ein Leben leben, in dem wir authentisch, liebevoll und respektvoll miteinander umgehen, so dass wir den anderen nicht zur Lüge „zwingen"? Dass wir selbst genügend Kraft und Mut haben, zu unserer eigenen Wahrheit und allen darum wachsenden Wahrheiten zu stehen.

Wer diese unsere eigene tiefe Wahrheit nicht verkraftet, nicht liebt und nicht versteht, kann gerne weitergehen und die Menschen finden, deren Wahrheit er liebt, aber Lüge als Indikator für Angst kann nicht für Erfüllung, Bereicherung, Liebe und Respekt sorgen. Das ist in jedem Fall, ob aktiv als Lügner oder inaktiv als Belogener, der falsche Weg. Ein Lügenweg.

42

WIE FRAUEN FÜHLEN

Natürlich kann ich hier in meinen kleinen „Erkenntnispralinen" keine Pauschalisierung für das weibliche Empfinden geben, aber ich kann sensibilisieren. Für das, was für das Männliche oft so undurchsichtig, unbewusst und unkoordiniert erscheint.

Zunächst einmal gilt auch hier die Individualität der Seelen und der Körper erneut zu unterstreichen. Nicht nur, weil eine Frau ergonomisch etwas anders gebaut ist, sondern weil sie in ihrem Körper ganz individuell empfindet, kann sie gar nicht wie ein anderer Mensch oder gar Mann empfinden. Bei aller Empathie, die man bereits in der Seele mitbringt oder erst erlernen muss - es gibt keine Kopie deiner Empfindung in jemand anderem. Jedes „Gegenüber", das dir begegnet, wird immer individuell sein und individuell fühlen. Das hatten wir bereits im Kapitel „Einzigartigkeit" erörtert.

Der weibliche Körper ist in eine Herausforderung. Nicht nur weil er über einen längeren Zeitraum seines Lebens von gleich mehreren Hormonzyklen gesteuert wird, sondern weil, wie wir ja wissen, dieses körperliche Empfinden eine dauerhafte Manipulation des Seelischen bedeutet. Daher möchte ich diesen naturgegebenen Umstand als Erklärung für alles Undurchsichtige und Unverständliche am Weiblichen geben. Manche bzw. viele Frauen haben Schmerzen, ja wirkliche Schmerzen im Unterleib. Dieser Schmerz strahlt, mal mehr, mal weniger, durch den ganzen Körper. Er schwächt. Es wird einem heiß, dann wieder kalt, man fühlt sich lustlos, motivationslos, traurig, verzweifelt, dramatisch und agiert unverständlich für die Mitmenschen. Doch die Ursache des Ganzen ist diese „Geburtsmaschine im Körper". Selbst wenn sie nicht mehr „aktiv" ist.

Das Weibliche braucht Sicherheit, Schutz und Wärme, das heißt, es ist oftmals von seinem Grundwesen her schneller ängstlich, als es Männer sind.

Das Weibliche erfährt (leider) nicht immer neutralen Respekt, sondern oftmals Vorurteile, vor allem, was den Intellekt angeht. Auch darauf kann und muss es reagieren, oftmals mit Aggression.

Doch wie auch immer, ich möchte hier nicht dazu aufrufen, die Untiefen des Weiblichen als eine Art Krankheit zu bewerten, sondern Verständnis für den zerbrechlicheren Körper generieren. Auf die Frauen zugehen, auf sie eingehen, in dem Verständnis, dass sie vielleicht gerade Schmerzen empfinden, oder durch Tabletten versuchen diese zu regulieren, oder Verletzungen in sich tragen, die sie durch Schutzmechanismen kaschieren.

Geht in Liebe und Empathie mit diesem Wesen um, es braucht Schutz, Halt, Sicherheit, Gewissheit und Wärme. Denn auch

ewige Unzufriedenheit, dauerndes Jammern und Kritisieren und so vieles mehr können durchaus aus diesem Hormonchaos entstehen.
Doch neben den schutzsuchenden Sehnsüchten des Weiblichen, tragen Frauen eine schier rastlose Sehnsucht nach Sozialität, dem Pflegen der Brut und des Nests in sich.
Alle Aufmerksamkeit gilt daher zuerst der Suche nach dem Partner, mit dem Brut und Nest zu erschaffen sind. Ist dies erreicht, verändern sich die Parameter, aber die Energetik bleibt.
Nun gilt alle Aufmerksamkeit der Aufzucht der Nachkommen, dem Füttern der Familienstruktur und dem Erhalt des Nestes. Es mag Ausnahmen geben, die dieses „mütterliche" Pflichtbewusstsein anders (evtl. beruflich) ausleben, indem sie ihre ganze Aufmerksamkeit der Karriere widmen, doch letztlich ist die Energie, die sie „treibt" ein und dieselbe.
Das alles könnte den Eindruck erwecken, dass diese Art der Fokussierung alle anderen Möglichkeiten und Sichtweisen ausgegrenzt, das ist jedoch nicht der Fall. Es ist, bei aller angeblichen Multitasking-Fähigkeit, welche dem Weiblichen nachgesagt wird, dennoch eine Art „Tunnel der Verantwortung", in welchem Frauen dann eben doch nicht allen die gleiche Aufmerksamkeit zukommen lassen können. Begegnet dir diese Thematik, und du fühlst dich nicht genug wahrgenommen, erinnere dich dieser Worte.
Sie meinen es nicht „böse".
Es ist ihre Natur.

43

WIE MÄNNER FÜHLEN

Ähnlich will ich auch hier nicht pauschalisieren, sondern sensibilisieren und dir dabei einen ganz eigenen Blickwinkel schenken. Auf das, was für so manche Frau nicht verständlich, nicht nachvollziehbar und sichtbar ist.
Auch hier gilt natürlich, die seelische Individualität eines jeden Mannes zu benennen; das, was ihn zu einem Teil ausmacht, das Ewige, das er mitgebacht hat und wieder mitnimmt, wenn diese Runde durch ist.

Und natürlich basiert auch der Großteil des Empfindens des Mannes, ähnlich dem Weiblichen, auf seinem Hormonspiegel. In diesem Fall aber ganz anders, nämlich durchgehend und nicht in Spitzen wie beim Weiblichen. Durchgehend lenken ihn diese Wellen des Fortpflanzungstriebes. Er bestimmt die Gedanken, das Handeln, die Emotionalität - einfach alles. Das männliche Leben „ist" Fortpflanzung. Alles dreht sich darum, und damit unterscheiden Mann und Frau sich letztlich nur in der Ausführung vom Weiblichen, das, wie schon erörtert, gerne alle Libido in das Thema Brutaufzucht steckt.
Die Natur ist ein cleveres Kerlchen, sie treibt das Weibliche an,

sich so zu schmücken, dass es das „ewig auf der Suche nach Befruchtung" Männliche anlockt, um den Plan der Erschaffung einer Horde zu erreichen. Ist dies geschehen, kann das Männliche weiter seinen Trieben folgen und das Weibliche seiner eigentlichen Erfüllung der Nestpflege und Brutaufzucht nachgehen. Wie in einem Staffellauf hat auf diese Weise jeder eine Funktion im Rad der Natur, die ausschließlich sich selbst erhalten will.

Doch neben diesem lebenslang anhaltenden Trieb des Männlichen macht Männer auch noch etwas anderes hormongetriebenes essentiell Lenkendes aus: Der Kampfgeist. Sie erreichen ihre Ziele nur über eine Schlacht, in der alles und jeder ein potentieller Feind ist, den es zu vernichten, dessen Land es zu erobern und zu unterwerfen gilt.
Diese Perspektive auf das Sein wirkt anstrengend, denn alles und jeden (irgendwie irgendwann) als Feind zu definieren, kostet Kraft und erzeugt Anspannung im Körper. Eine dauerhafte Anspannung. Vielleicht ist das auch der Katalysator, um dann über den Befruchtungstrieb wieder etwas Entspannung zu erfahren, vielleicht aber auch nicht. In jedem Fall aber ist diese Perspektive des sportlichen Agierens im dauerhaften Wettkampf die Ursache für eine hohe kontinuierliche Anspannung und die Erschaffung von Feindbildern. Das kriegerische Denken ist jedoch das ganze Gegenteil von dem, was das Weibliche empfindet und ausmacht. Mal ganz zu schweigen von den

nicht vorhandenen Schmerzen im Unterleib, die nicht unnötiger sein könnten.

Wenn man dann auch noch erkennt, dass tatsächlich so manche Inspiration für all dieses Kämpfen auf einer kindlichen Verspieltheit gründet, versteht man umso besser, wenn so mancher gestandener Mann eigentlich keine Frau an seiner Seite haben will, sondern die Kraft des Mütterlichen, welche ihn einerseits als kleinen Jungen spielen und kämpfen lässt und andererseits das Nest, die Kleidung, das Essen und so viel mehr für ihn bereitet.

Sie spielen. Sie spielen, indem sie kämpfen, sie spielen, indem sie jagen, sie spielen, wenn sie nichts tun, sie spielen das ganze Leben.

Erinnere dich an diese Worte und gib diesen Spielen nicht allzu viel Bedeutung.
Sei liebevoll und respektvoll, ehrlich und achtsam diesen ewigen kleinen Jungen gegenüber, verurteile sie nicht für die Fehler, die sie in ihrer Welt machen.
Sie meinen es ganz anders, als du denkst.

44

DIE FALLE DES VERGLEICHENS

Die Schwester der Hybris der Erwartungshaltung ist das ewige Vergleichen mit anderen. Der oder die hat mehr oder weniger von dem oder dem. Der oder die durfte das, was ich nicht darf. Die anderen können dies oder jenes mehr oder weniger …
Bei allem Verständnis für eine gewisse „logische (Be)messung" mit den Mitmenschen, sollte dies dennoch auch bewusst und nicht im Übermaß erfahren werden. Es führt zu nichts, außer zu Energieverlust. Denn, sich (vielleicht sogar dauerhaft) mit anderen zu vergleichen, lenkt nicht nur total vom eigenen inneren Empfinden ab (weil die Aufmerksamkeit nach außen gerichtet ist), sondern es nutzt auch ein Maß, das völlig überbewertet und verschoben Negatives erzeugt. Entweder bei sich selbst, weil man sich mit anderen und deren Leben vergleicht, ohne deren Empfindung, deren Wahrnehmung zu kennen, oder durch andere, die durch ihr anhaltendes Bewerten überwiegend Frust und Aggression erzeugen.
Egal von wo aus man sich in diese Haltung begibt, man verliert: Energie, Kraft, Zeit, Freude, Schönheit und zu guter Letzt - sich selbst. Ist es dir das wert?

Hör auf, dich mit anderen zu vergleichen, steig aus aus diesem dummen Hamsterrad deiner eigenen Erwartungen an dich.

Lass ab davon, andere zu bewerten nach ihrem Leben, ihrem Besitz, ihrer Arbeit, ihrem Sein, hör auf damit, im Außen einen Parameter zu suchen, der dich rechtfertigt. Du bist so, wie du bist, genau richtig. Und nein, nicht das, was die Masse mag und sagt, ist das, was richtig ist, sondern nur das, was du empfindest und dich glücklich macht (solange du dabei bitte kein Leben raubst oder anderen Wesen Leid zufügst).

Hinterfrage, ob du zu einer Masse gehören, oder deine Individualität wachsen lassen willst. Hinterfrage, ob die Gemeinschaft, der du angehören willst, dich bewertet, oder gar bestimmte Dinge von dir erwartet. Magst du dieses Spiel spielen? Oder ein anderes? Oder keines? Schau genau hin und fühle, wem du dienen willst.

Ihnen und ihren Erwartungen an dich?

Dir und deinen Vergleichen - oder keinem von beiden?

Entscheide du, ganz allein.

45

DIE CHANCE DES UNBEQUEMEN

Eine Komfortzone fühlt sich gut an. So unendlich schön, ruhig, warm, weich und voller Frieden.
Und ein bewusster Mensch kann sich in der Komfortzone sehr gut entfalten. Doch wer ist schon bewusst?
Der Weg zu Bewusstheit, dem Agieren in voller Harmonie von Kosmos und Materie ist dennoch auch von Reibung geprägt. Zu erkennen, wo die eigenen Grenzen sind, geht nur über Grenzerfahrungen.
Zu erfühlen, was und wer man eigentlich ist, geht nur über das Überwinden der äußeren und inneren Blockaden. Um zu verstehen, was die Seele in uns will, braucht es das Spiel von Anziehung und Abstoßung.

In den unbewussten Zuständen des menschlichen Seins ist es noch „spannend" sich zu reiben, sich mit anderen zu streiten, sie zu verletzen, verletzt zu werden, sie zu manipulieren, mit ihnen Spiele zu spielen, die vor allem Dramen erzeugen … Irgendein Theater, irgendetwas Furchtbares, Schreckliches und etwas, worüber man jammern, es kritisieren kann, anderen das Leben schwer machen kann und vor allem sich selbst.

Doch ob nun im anhaltenden Empfinden von Dramen oder auch nur in Spitzen von Hysterie - das Unbequeme, das Problem, das Rätsel, die unüberwindbare Aufgabe tragen immer eine Chance in sich: Die Chance über die Reibungen aus sich heraus zu wachsen und auszusteigen aus dem Hamsterrad des ewig Klagenden. Die Perspektive ganz bewusst zu wechseln und tatsächlich aus einem gewissen emotionalen Abstand heraus die angeblichen Weltuntergänge ganz anders zu betrachten. Das ist Wachstum. Das ist bewusst gelenktes Agieren. Aussteigen aus der Emotionalität, die letztlich nur Kraft kostet - aber keine Lösung bietet.

Das Unbequeme, die Unbequemen sind daher immer auch eine Möglichkeit, über den eigenen Tellerrand zu schauen, sich noch einmal ganz anders zu betrachten, die Situation ganz anders einzuschätzen und daraus ein Spiel des Entfaltens zu machen. Flexibilität ist der Schlüssel für diese Herangehensweise. Nur wer flexibel und vor allem offen für das Unerwartete, die ganz andere Perspektive und Herangehensweise ist, erkennt in den Reibungen und Missverständnissen das Wachstumspotential.

All dies darf natürlich nicht deine kosmische Währung schmälern, sondern soll dazu da sein, sie zu vergrößern. Verlierst du Energie, ist dies immer ein Aufruf, innezuhalten und zu reflektieren. Bist du gerade dabei zu wachsen und die „Energiedelle"

offenbart sich als Pfad zu einem noch größeren „Sprung", oder verlierst du im Spiel der Reibung dauerhaft Energie?
Schau genau und reagiere.
Bewusst, liebevoll und achtsam – dir selbst gegenüber.

Reibung ist nur ein Pfad, aber es gibt auch andere Wege des Wachstums. Finde deinen.

46

ZEIT - DEIN GANZ BESONDERES GESCHENK

Der Mensch ist mitunter ein sehr langsames Wesen. Um bestimmte Abläufe zu verstehen, ob physisch, mental, mathematisch, psychisch und so vieles mehr - braucht er Zeit zum Verarbeiten. Deshalb studiert der Mensch durchaus lange, bis er ein Fach wirklich intus hat. Und selbst dann gibt es noch tausend Interpretationen des Gelernten. Er lernt also nie wirklich aus. Und das ist gut so, das ist spielerisch und spannend, wenn man sich die Freude daran erhält.

Ausnahmen davon sind bestimmte Genies, doch agieren diese dann in anderen Bereichen meist etwas langsamer. Sie sind inselbegabt und immer noch Menschen.

Ich weise hier auf die Trägheit des menschlichen Geistes hin, weil sie essentiell wichtig ist, wenn es darum geht, Entscheidungen zu treffen. Ob komplex oder weniger komplex, es ist immer ratsam sich dieser „Wahrheit der Geschwindigkeit des Verstandes" hinzugeben, sie anzunehmen, sie zu akzeptieren und sie zu integrieren in den Fluss des Lebens. Sich Zeit zu neh-

men für wichtige Entscheidungen, abzuwägen, Informationen zu sammeln, hinein zu spüren und zu reflektieren, all dies sind wichtige Werkzeuge auf dem Pfad der Entscheidungen. Denn oftmals verwandeln sich soeben beschlossene Dinge plötzlich noch einmal in eine ganz andere Richtung.
Offenheit, Flexibilität und die Bereitschaft, die Perspektive wieder und wieder zu ändern im Prozess der Entscheidungsfindung, sind die Geschwister der Zeit, die all dies begleitet. Zeit kann so zu einem wunderbaren Freund werden, der hilft, der unterstützt und fördert, bis der Moment gekommen ist, eine wirkliche Entscheidung zu treffen.

Daher überstürze nichts, nimm dir Zeit für die Gestaltung deines Lebens. Gehe bedacht, gehe in Liebe und folge immer der Resonanz, die sich in dir formt.

Ist es Anziehung oder Abstoßung, die die Zeit dir schenkt? Gib dir Zeit, damit sich alles in Ruhe formen kann. Denn dann antwortet dir die Zeit - mit innerem und äußerem Frieden.

Doch Achtung: Im Fluss des Seins agieren, bedeutet immer auch, sich der dauerhaften Wandlung allem hinzugeben. In Bewegung bleiben, um mit-zu-wandeln. Daher ist die Zeit so lange dein Freund, wie du sie zum Verwandeln und Entscheiden nutzt. Be-nutzt du sie aber, verschwendest du sie in langanhaltender Passivität, Ohnmachtszuständen und Lethargie - wird aus dem Meer der Förderung deiner Kreation eine Steinwüste aus Blockaden und Hindernissen.

Sei wachsam und bleibe im Fluss der Zeit, überdehne nichts, aber nutze es - um du selbst zu werden, dich zu verwirklichen und friedliche Spuren der Schöpfung zu hinterlassen.

47

NUTZNIESSER

Ich bin mir noch unsicher, ob der Kosmos die negativen Seiten des Menschseins wirklich so geplant hat. Doch bisher war das, was er erschaffen hat, perfekt. Ein gigantisches Universum, das sich selbst erhält und dabei unendliche Entfaltungsmöglichkeiten bietet. Denke ich diese Tatsache weiter, muss ich wohl Lüge, Falschheit, Hinterlist, Habgier, Jähzorn, Hass, Missbrauch, Mord und noch so vieles mehr als Teil des kosmischen Planes annehmen.

Nun, dann ist es einmal mehr umso wichtiger, dass ich diese Eigenschaften benenne und die Aufmerksamkeit dafür schärfe.

Das Tier „Mensch" wird durch die ihm innewohnende Energie mit Bewusstsein (Seele) zu einem bewussten Tier. In seinem Gesamtpotential zu DEM bewusstesten Tier auf Planet Erde. Diese beiden Kräfte, das Animalische und das Seelische, „kämpfen" nun in dir um Aufmerksamkeit. Und da es in diesem Cocktail aus Seelenkraft und animalischer Kraft unendlich viele Möglichkeiten für ein ICH gibt, sind wir alle einzig-artig. Diese Mannigfaltigkeit wissend ist eines sicher: Es gibt für jede gute Absicht eines Menschen einen Gegenpol. Es gibt für jeden

Liebesimpuls in uns einen Hassimpuls. Es gibt neben jeder Lust auf Kreation auch die Lust auf Zerstörung. Es gibt neben jedem unterstützenden Ratschlag auch immer den, der andere bremst und blockiert.

Es ist daher wirklich essentiell wichtig, diese Schatten des Menschseins anzunehmen und zu akzeptieren. Denn das erzeugt eine gesunde Wachsamkeit. Diese ist zwar prinzipiell sehr wichtig, aber ich möchte sie hier in Bezug auf unsere besten Tugenden schärfen.
Es sind nicht nur erleuchtete, liebevolle Wesen, denen du begegnest. Sei wachsam und:
Wisse, dass Gutmütigkeit (leider) sehr, sehr oft ausgenutzt wird.
Wisse, dass Liebe für jeden etwas anderes „bedeutet", sie jeder anders empfindet und der, der Liebe weniger intensiv empfindet, die liebevollen Impulse des Anderen gerne ausnutzt.
Wisse, dass du, wenn du besondere Talente hast, immer Menschen begegnen wirst, die sich dieser „bedienen" - sie ausnutzen, sie für sich nutzen, sich mit ihnen schmücken.
Wisse, dass, solltest du eine obere Position in einer Hierarchie besitzen, diese immer Nutznießer an sich zieht, die, nur um zu Vorteilen zu kommen, um deine Aufmerksamkeit und Freundschaft buhlen - selten aber, weil sie DICH mögen. Sie lügen im Atemrhythmus, ausschließlich aus Gier nach dem eigenen Vorteil.

Doch die falschen Freunde erkennst du schnell, denn sie schweigen, wenn du keine Kraft, Aufmerksamkeit oder Geld mehr zu geben hast. Und auch dieser Schatten ist Teil des Mensch-Seins.

Wisse, dass jedes Schöne auf dieser Welt (leider) immer auch die gegenteiligen Resonanzen in den (unbewussten) Menschen hervorruft. Sie neiden es, sie wollen es bekämpfen, vernichten, missbrauchen.

Daher bitte sei wachsam, wem du wie begegnest und lausche genau deinem Herzen; es weiß, wer liebt und wer Liebe nur als Maske trägt.

48

SCHICKSALSWERKZEUGE

Der Kosmos ist Energie. Und deshalb wirken in ihm die Energiegesetze.

Unabhängig davon, wie sehr du mit Energiearbeit vertraut bist, das ganz einfache Gesetz „Energie vergeht nie, sondern wandelt" kennst du. Nun füge ich dieser Erkenntnis noch eine weitere hinzu, indem ich sage, dass Energie ein Informationsträger ist. Da nun also die nie versiegende Energie ein nie versiegendes System ist, welches Informationen aus Zeit und Raum speichert, bedeutet das, dass diese Informationen irgendwie auch immer bestehen und wirken. Diesen „ewigen Speicher" als ein aktiv agierendes lebendiges System wirklich zu verinnerlichen, ist die Basis, um das große Ganze in seiner Komplexität zu begreifen. Der Kosmos ist also als eine Art große glibberige Masse aus Energie (Chi) anzusehen, die an jedem Ort, in jedem Wesen und zu jeder Zeit auf jedem Planeten alles durchdringt und erschafft. Sich in dieser glibberigen Energie zu bewegen, zu kreieren, zu wachsen, zu inkarnieren und wieder zu exkarnieren und so vieles mehr, ist eine dauerhafte Schule der Erkenntnis, wo und wie nun die Energiegesetze unterstützend und wo sie blockierend wirken.

Die „effizienteste Schöpfung" (seiner Wünsche) erfährt der, der diese Gesetzmäßigkeiten am besten kennt und nutzt.

Doch neben dieser „ewigen Suche nach den richtigen Werkzeugen" gibt es so etwas wie Indikatoren, an denen du deinen aktuellen „Status" in diesem „ewigen Spiel" abfragen kannst. Zu erkennen, WO man steht, hilft die Strategie für das Ziel und den Weg dorthin besser einordnen zu können.
Eines diese Indikatoren sind beispielsweise die Numerologie, die Astrologie, die Gen Keys, Human Design und noch so viele mehr.
Denn Kosmos steht nicht für „Zufall", da alles ewig ineinander und miteinander verwoben wirkt, stirbt und wieder neu entsteht, und das nach perfekt aufeinander und zueinander abgestimmten Energiegesetzen, in denen „nichts an Information" wirklich verloren geht. Somit ist auch der Zeitpunkt unserer Geburt kein zufälliger. Und wir können über die Hilfsmittel wie Astrologie die kosmischen Komponenten wie eine Art „Energiestempel" auslesen und somit die Werkzeuge, mit denen wir in dieses Leben gestartet sind, besser verstehen - nicht nur, um diese in ihrem vollen Potential zu nutzen, sondern auch, um sie zu verbessern, zu entfalten, zu „reinigen".

Doch unsere Spielwiese namens Leben ist voll mit tausend anderen Indikatoren, die dir den Weg aufzeigen, den du wählen kannst. Die dir deine Potentiale beleuchten, aber auch deine

Baustellen. Es sind Wegweiser, die dich führen … wenn du mitmachst. Es sind Leuchttürme, wenn du dich im Dunkel des Ohnmachtsempfindens verlierst, Leitplanken, die dich umarmen, wenn du glaubst aus der Spur zu fallen.

All dies ist immer da. All diese Hilfsmittel sind immer da - erkenne sie, erkenne dich und entfalte dich … immer mehr.

49

DIE AUSDAUERPRÜFUNG

Ein weiteres Universalgesetz der Energien ist das Gesetz der Wiederholung. Jede Materie (ob feinstofflich oder grob) wird durch Wiederholung geformt. Selbst wenn alles immer wandelt, es wiederholt seine Zyklen nur in einem festen Korsett an Möglichkeiten.
Der Regen fällt immer wieder, die Sonne geht immer wieder auf, der Mensch hat immer wieder Hunger, muss immer wieder auf Toilette usw. Alles, was den natürlichen Gesetzen folgt, unterliegt somit auch den kosmischen Gesetzen.

Und weil dem so ist, ist es essentiell, dass du verinnerlichst, dass deine Ausdauer ein entscheidendes Werkzeug in der Kreation deines Lebens ist. Wieder und wieder wirst du herausgefordert, Blockaden im Äußeren aber auch im Inneren zu überwinden. Selten sind die äußeren Widrigkeiten berechenbar; im Gegenteil, deren Akzeptanz kann dir Gelassenheit und Kraft schenken, die Umstände wieder zu entspannen. Versteckt und wie leise schiefe Töne deines Seins, summen in dir die inneren Blockaden. Sie aufzusuchen und aufzulösen kann lebensfüllend sein.

Doch immer und dauerhaft sind die inneren und äußeren Hürden ein Aufruf, eine Art Prüfung des Schicksals an dich mit einer einzigen Frage: WILLST du das, was du da erschaffst, wirklich erschaffen? Willst du über all diese Untiefen wirklich gehen? Bereichert es dich so sehr, erfüllt es dich so sehr? Was genau erhoffst du dir davon? Frieden? Liebe? Reichtum? Was ist dein Antrieb hinter den Antrieben? Ist er ehrlich oder Ist er eine Maske?

Immer und immer wieder wirst du auf unterschiedliche Weise vom Kosmos gefragt. Denn dort, wo du mit den Energiegesetzen wirkst, wirst du leichter vorwärts kommen. Dort, wo dir Blockaden begegnen, gilt es die „Mitte" zu finden.

Wo agiere ich / will ich zu viel (und bin damit nicht im Fluss des Seins)? Und wo wirke ich zu wenig aktiv in und mit der Materie, die sich aber nur über die Wiederholung formen lässt?

Der Kosmos weist dir durch dieses Abstoßen und Anziehen, durch das leichte und das schwere Gelingen deinen Weg. Er filtert, und damit filtert es sich heraus, wo wer was erschafft. Und sehr oft ist es nicht das bessere Talent, die schnellere Auffassungsgabe oder die höhere Intelligenz - sondern ausschließlich die Ausdauer, mit der ein Mensch an sein erwünschtes Ziel gelangt.

Unterschätze diese Kraft nicht und verinnerliche, dass du Ausdauer ausschließlich über die Liebe (zu etwas, jemandem oder

einem Ziel) findest. Keine Maske, keine Selbstlüge, keine Halbherzigkeit trägt diese Kraft in sich.
Daher sei authentisch, lausche deinem Herzen und folge ihm.
Viel Kraft und Ausdauer im Dschungel der Schöpfung und des Schöpfens wird das Geschenk des Kosmos für dich sein.

50

DIE FAULE TOMATE

Leben geschieht - eingebunden in die kosmischen und natürlichen Gesetze, um sich selbst zu entfalten, seinen Platz in diesem ewigen Kreislauf von Stirb und Werde zu finden. Das Leben selbst fordert von uns nichts, außer, dass wir den Körper ernähren. Es sind andere Kräfte in uns, die Sehnsüchte und Wünsche erschaffen, die uns antreiben, uns doch mit mehr zu beschäftigen, als mit essen, schlafen, fortpflanzen.

Mithilfe unseres Bewusstseins können wir uns aus diesem eher animalischen Dasein heraus bewegen und Dinge erschaffen. Kreieren, Schöpfen. Denn Bewusstsein schenkt uns nicht nur die Fähigkeit der Selbstreflektion, sondern auch die der Konzentration. Doch Konzentration ist, genauso wie der Grad der Bewusstheit, Ausdruck der inneren Kraft, sei es mental oder seelisch, oder beides. Denn Leben geschieht zwar einfach, aber wie du in diesem Leben bist, wie du lebst - ist das Ergebnis deines Fokus. Ziele klar zu formulieren, darauf flexibel im Geist zu reagieren, wenn sie sich wandeln und dennoch den Fokus nicht zu verlieren, ist essentiell. Das Überleben selbst stellt auf dieser Reise genügend Prüfungen – beispielsweise durch Ablenkung.

Doch wer genau weiß, wo und wie er sein Leben verbringen möchte, erschafft ein selbstbestimmtes Dasein. Wer dies nicht klar formulieren kann, aus welchen Gründen auch immer, wird eher zum Werkzeug - zum Diener für diejenigen, die es können. Denn das Leben ist auch immer die Chance, Dinge zu erschaffen. Die einen eben bewusster, die anderen eher taumelnd unbewusst.

Hast du Träume, Wünsche und Sehnsüchte nach einer ganz bestimmten Art zu leben, dann beginne dieses Ziel genau zu formulieren. Dann informiere dich, was nötig ist, um dieses Ziel zu erreichen. Notiere dir diese Schritte und beginne damit, dich, deinen Fokus, auf jeden einzelnen dieser Schritte nacheinander auszurichten. Jeden Tag ein kleiner Schritt ergibt schnell einen langen Weg. Die Kraft dazu findest du in dir, in deiner Vision von deinem Leben, die du nicht an andere übergibst.

Willst du eine Familie haben, dann finde den Partner und mache dir gemeinsam mit ihm Gedanken, wie und wo du mit ihm diesen Traum erschaffen kannst - bevor du drauf kommst, dass dieser Partner vielleicht ganz andere Pläne hat. Das würde dann unweigerlich zu Chaos führen und dir viel deiner Lebenszeit und damit Kraft rauben.

Willst du beruflich angesehen sein, so suche dir das Arbeitsfeld, welches dich am meisten inspiriert, und informiere dich über die Aufstiegsmöglichkeiten.

Willst du Wohlstand erreichen, erkundige dich, welche Berufe

welche Einkommensmöglichkeiten haben usw.
Egal wohin ich meine Gedanken diesbezüglich lenke, am Anfang steht der Entschluss, das Leben nach den eigenen Wünschen zu kreieren.

Finde das, WAS du leben willst und vor allem WIE du leben willst, setz all deine Kraft dafür ein, konzentriere dich auf dieses Ziel und behalte dieses Ziel immer vor Augen. Lass dich nicht ablenken, stören, blockieren. Dies sind alles nur die kleinen Herausforderungen des Kosmos, um deine Intention wieder und wieder abzufragen.
Wieder und wieder - bündle all deine Kraft, bleibe entschlossen auf diesem Weg und kämpfe dich durch die Untiefen des Seins hindurch. Dann wirst du dein Ziel eines Tages erreichen.

Wie immer entscheidest ausschließlich du. Willst du dein Leben selbstbestimmt kreieren oder Spielball der anderen sein? Erkenne, entscheide, kreiere.

51

VERTRAUENSPRÜFUNG

Wie du bereits mehrfach erfahren hast, ist der Kosmos ein Spielfeld zur Materialisation seiner Energie in unendlichen Formen. Die Gesetze dahinter sind universell und wirken - ohne Ausnahmen.
Wir sind Teil dieses Systems und haben in ihm die Möglichkeit selbst Dinge zu erschaffen. Doch die Werkzeuge, mit denen wir erschaffen, werden immer diesen Gesetzen folgen. Und eine dieser Gesetzmäßigkeiten ist Vertrauen. Das Vertrauen eben genau in diese Gesetzmäßigkeiten. Der Kosmos wird das Gras für uns niemals schneller wachsen lassen. Er wird für uns auch nie die Erde sich schneller drehen lassen. Er wird nie seine Kreisläufe ändern, weil wir es wollen. Nein, es gilt unser Wollen in diesen Gesetzmäßigkeiten zu leben. Eine Mitte zu finden zwischen Fokus und Gelassenheit. In ein Vertrauen zu gelangen, für das, was größer ist als dein Wunsch im großen Meer der Energien, für deinen Wunsch jedoch „arbeitet".

Man kann nicht alles planen. Man kann nicht alles wollen. Oftmals ergeben sich Dinge erst und gerade durch eine „angebliche" Verspätung, die dann so optimal für dich ist, dass die gefühlte Verschleppung am Ende als ein wichtiger Teil deines Plans erscheint. Daher: Setz deine Impulse, aber gib sie immer auch in das Meer aus Energie ab, so dass sie in die „Geschwindigkeit des Kosmos" einfließen, um sich dort im Fluss des Seins zu materialisieren. Organisch fließend, eingebettet in das große Ganze, um dich zu unterstützen.

Lausche, schaue, sei wachsam und vertraue, dann wirst du bald erkennen, dass du nicht nur nicht alleine auf deinem Weg des Schöpfens bist, sondern sogar anhaltende Unterstützung auf vielerlei Ebenen erfahren darfst.
„Schläfst" du aber, taumelst du unbewusst durch dein Sein, gibst du nur anderen die Verantwortung für dein ganzes Sein. Und willst du zu sehr und unbedingt etwas krampfhaft erschaffen - kann dir der Kosmos nicht so helfen, als wenn du MIT ihm in Vertrauen und Balance agierst.

Finde diese Mitte und spiele das Spiel der Schöpfung.
Werde zum Meister deines Schicksals, gemeinsam mit deinem Freund Kosmos.

52

DER TANZ

DER AUFMERKSAMKEIT

Alles im Leben dreht sich um Aufmerksamkeit. Dabei handelt es sich einerseits um die Aufmerksamkeit, die du Dingen und Menschen gibst, und andererseits um die Aufmerksamkeit, welche dir zuteil wird - oder besser formuliert, die du empfindest, dass sie dir zuteil wird. Somit hat Aufmerksamkeit auch immer etwas mit Wahrnehmung zu tun - in beide Richtungen.

Selbst wenn der Eine glaubt, all seine Aufmerksamkeit und Kraft auf sein Ziel zu bündeln, andere Menschen und/oder Dinge zu lenken, kann es sein, dass ein Anderer diesen Energieeinsatz überhaupt nicht oder nur ganz gering wahrnimmt.

Du hast erfahren, dass wir alle, jeder Einzelne, eine ganz eigene innewohnende Wahrnehmung von ein und dem Gleichen haben können. Den einen blendet die Sonne, für den anderen strahlt sie. Wer also wem und wie Aufmerksamkeit schenkt, und ob diese dann „genug" ist, hat somit auch viel mit einer gewissen Art Erwartungshaltung zu tun. Und wenn Erwartungen nicht erfüllt werden - die eigenen oder die anderer -, dann kommt es zu Bewertungen und in der Folge zu Verurteilungen. Es entsteht ein Teufelskreis, der im Ansatz überhaupt nichts mit deiner Aufmerksamkeit zu tun hat, sondern lediglich mit der Beurteilung und Interpretation dieser deiner Aufmerksamkeit.

Doch der Kosmos erwartet gar nichts von dir, er bewertet dich nicht und er verurteilt dich nicht. Er hilft dir allenfalls, wenn du darum bittest und im Fluss des Seins agierst. Doch erwarten, dass und wie du deine Schritte setzt, würde er nie. Es sind nur die Menschen, die von sich und anderen etwas erwarten.
Daher sei wachsam und achtsam, ob deren Bewertungen über deinen Einsatz mit deinem Gefühl der Hingabe resonieren, oder ob sie sich zu Vorwürfen formen, die dich Energie kosten. Ist dies der Fall, lausche in dich hinein und finde heraus, ob es deine Libido oder deren Erwartungshaltung ist, die hier vernachlässigt wurden, und korrigiere es. Oder eben nicht, wenn es nichts zu korrigieren gibt, weil die Erwartungshaltungen mit deiner Kraft divergieren.
Und natürlich ist die Aufmerksamkeit auch eine Schwester der Konzentration.
Wer viel Aufmerksamkeit auf eine Sache lenkt, wird mehr Energie dort bündeln können, mehr erschaffen bzw. materialisieren können.
Wer aber weniger Kraft hat, der wird sich verzetteln, keiner Sache wirkliche Aufmerksamkeit schenken können und in der Folge andere Ergebnisse erschaffen als derjenige mit voller Aufmerksamkeit auf etwas oder jemanden.

Sei aufmerksam, sei wachsam, aber immer im Fluss deiner Energien.

Lebe achtsam und authentisch, nicht um anderer Erwartungen und deren ganz individuelle Wahrnehmungen zu erfüllen, sondern um dich zu er-füllen - mit Liebe, Freiheit und Freude.

Gib Aufmerksamkeit, wo du magst und kannst - und scheue die Menschen, die dich dafür bewerten oder gar verurteilen.

Just be.

53

GEFÄHRTEN

Viele Menschen verwechseln Liebe mit Partnerschaft und umgekehrt. Nicht alles oder jeden, den man liebt, ist der perfekte Partner, um ein Leben gemeinsam zu gestalten. Trifft sich beides dennoch, ist dies natürlich eine wunderschöne, aber seltene Symbiose.

Ein Leben ist lang, vor allem, wenn es um die Begleichung der täglichen Rechnungen geht. Nahrungsmittel kaufen, die Miete bezahlen, Fitness Training, medizinische Vorsorge, Kinder großzuziehen und noch so vieles mehr – dies alles zu finanzieren, bedeutet in gewissen Gesellschaftsformen und -strukturen ein dauerhaftes Hamsterrad an Verpflichtungen. Vor allem finanziell, aber auch auf vielerlei andere Weise. Diesen Druck zu stemmen, geht leichter mit einem Partner, den man in diesem Sturm der Erwartungen nicht auch noch wie einen Sandsack mitschleppt, sondern der jemand ist, der im wahrsten Sinne des Wortes mit-er-schafft. Oft aber kommt es vor, dass Männlein wie Weiblein sich über das Gefühl des Liebens/Verliebt-seins in eine Partnerschaft begeben, die überraschender Weise in jeder Hinsicht eine zusätzliche Belastung erschafft/bedeutet.

Frauen wie auch Männer, die zum Lebensunterhalt nichts beisteuern (können), erzeugen unweigerlich ein Ungleichgewicht und damit einen erhöhten Druck auf den Partner, der nun allein und mit doppeltem Ballast das Leben beider (und evtl. auch der Kinder) erhalten muss. So geschieht es oft, dass ein Partner es leid ist, alles, ja wirklich alles für den Anderen bezahlen zu müssen, weil die Herrschaften (warum auch immer) es verpasst haben, ein selbstverantwortliches, selbstständiges Leben zu erschaffen, oder durch andere Umstände in dieser Abhängigkeit gelandet sind.

Das ist wertfrei, aber wichtig zu benennen. Dann hängen diese Menschen am Rockzipfel ihres Gegenübers, jede Sekunde, jede Stunde, jeden Tag, jeden Monat. Wenn dies durch Familiengründungen dann noch mehr verfestigt wird, erhöht sich der Druck auf den Versorger schier ins Unermessliche. Das Leben wird zum Sklavenmarathon unter dem Motto: „Ich muss alle ernähren, denn ohne mich verhungern sie."

Wo war der Fehler?

Vielleicht ist es doch mehr ein Missverständnis als ein Fehler, denn jemanden zu lieben, der eine andere Energetik hat, ist keineswegs ein Fehler.

Ich möchte daher nur dein Bewusstsein dahingehend schärfen, dass du in deiner Lebensplanung abwägen kannst, was was bedeutet. Liebst du beispielsweise einen Partner, der das ganze Gegenteil von deinem Ehrgeiz in sich lebt, aber so viele andere bezaubernde liebenswerte Attribute in sein Leben bringt, dann wisse einfach nur ganz klar und bewusst: Das Thema Geld verdienen, Rechnungen bezahlen etc. wird wohl eher an dir hängen bleiben, weil dein Partner andere Prioritäten im Leben hat. Aber vielleicht ist eben genau dieser Partner das, was du dir wünschst, dass er zur Familienplanung beiträgt und es absolut okay ist, wenn du der Zahlmeister sein wirst, die Aufzucht der Kinder aber in die Hände des Partners gibst. Dann ist es wertfrei und wichtig sich zu fragen: Willst du das? Wenn ja, dann go for it, aber beschwere dich nicht, wenn es zweimal so anstrengend wird.

Liebst du andererseits einen Partner, der sehr viel mehr Antrieb in sich hat, als du es fühlst, dann besprich diese Divergenz mit ihm, macht einen Lebensplan und besprecht, wer was dazu beitragen kann.

Ich könnte noch viele andere Beispiele geben, in der Essenz geht es (wie immer) um Bewusstsein und Kommunikation. Sich bewusst werden, wer was wie vom Leben will und dann klar darüber reden.

DAS sind die beiden Schlüssel, um hier eine harmonische Lösung zu finden. Womit auch vermieden werden kann, keinen der ungleichen Partner in ein Ungleichgewicht zu bringen und damit Frust zu erzeugen.

Daher sei wachsam, auch in der Liebe, mit wem du was auf dieser langen Reise durch den Dschungel des Lebens wie erreichen kannst. Schau genau, ob eure Träume auch der Energie entsprechen, die in euch wohnt, oder nur Luftschlösser bleiben müssen, weil die Kraft und die Ausdauer fehlen, um sie zu erschaffen.

Werde dir dessen bewusst, was du, was dein Partner und was ihr gemeinsam vom Leben wollt - bevor ihr es angeht. Nicht dass ihr erst im Dauerlauf darauf kommt, dass die Werkzeuge in eurem Rucksack für jeden eine ganz andere Definition von Leben nach sich ziehen.

54

DIE UNSICHTBARE KRANKHEIT DES GEISTES

Krankheit ist etwas Furchtbares, doch gehört sie zum Leben (leider) dazu.
Eine der gefährlichsten Krankheiten, die der menschliche Körper in sich tragen kann, ist die Krankheit des Geistes. Gefährlich, weil die charmantesten, bezauberndsten, liebevollsten und aufmerksamsten Menschen dieser Welt auch eine Geisteskrankheit in sich tragen können. Die verdeckt agierenden, manipulativen Impulse dieser Menschen sind eine große Gefahr für andere, und daher ist diese Erkrankung des Geistes eine der unberechenbarsten und schwersten Krankheiten des Menschseins. Kein Hitler hätte Millionen von Menschen so manipulieren können, wenn nicht eine große Bedürftigkeit in den Menschen die Bereitschaft erschaffen hätte, sich einem (eher) hysterischen Geist so hinzugeben. Doch das ist nur ein Beispiel aus einer anderen Zeit.

Größenwahn, Jähzorn, Schizophrenie, Narzissmus und so viele andere geistige Störungen mehr sind allzeit um uns herum. Und diese Menschen setzen, genauso wie früher, immer das Generalwerkzeug ANGST ein, um die Massen zu lenken. Ein Indikator für einen kranken Geist ist daher immer auch, WIE er den Mitmenschen seine Gedanken mitteilt. Arbeitet er mit Impulsen für Vertrauen und Liebe (bzw. für dich selbst) oder mit Angst und Spaltung.

Groteskerweise wird der Geisteskranke dabei sogar besonders das Vertrauen und die Liebe nutzen, um letztlich aber wieder Angst (vor ihm selbst oder der angeblichen Gefahr) zu schüren. Das Ziel ist immer das Gleiche: Du sollst ihm dienen. Eine Masse soll ihm folgen. Sie darf nicht zweifeln, nicht hinterfragen. Einfach wie die Lämmer ihrem – in diesem Fall zwielichtigen - Hirten folgen. Und das ist selten zum Vorteil des Dienenden.

Dieses Muster zieht sich durch alle Geschichtsbücher bis zum heutigen Tag.
Eben noch wurden sie verbrannt, weil sie nicht dem geozentrischen Weltbild zustimmten - ist die Hysterie dann vergangen, wurden Menschen wie z.B. Giordano Bruno noch nach 400 Jahren rehabilitiert.
Eben noch wurden sie für ihr Kräuterwissen verachtet, ist die Hysterie vergangen – hat man sie zu Heiligen deklariert.
Eben noch mussten unter dem Vorwand des gesundheitlichen Schutzes bestimmte Menschen einen gelben Stern auf ihrer Kleidung tragen, um gemieden zu werden - ist die Hysterie ver-

gangen, schämte sich die Menschheit dafür.
Bis sie 80 Jahre danach die Hysterie wieder in ihren Köpfen aufleben lässt und Ähnliches erneut verbreitet, diesmal mit Armbändern oder codes auf einem Smartphone.
Eben noch war es gesetzlich verboten, Unverheirateten eine Wohnung zu vermieten, neuerdings gibt es mehr Singlehaushalte als andere.
Eben noch wurden gleichgeschlechtliche Paare von der Gesellschaft geächtet und verurteilt, eingesperrt oder gar ermordet - heute ist Diversität ein Muss.
Nur allein das Aufzählen all dieser krankhaften Aktionen würde Bücher füllen.

Es gehört zum Mensch-sein dazu, dass ein paar wenige, aber mächtige Personen sich entweder bewusst der Hysterie bedienen, oder wirklich in diese Krankheit fallen - doch wie und wo diese Geisteskrankheit sich ausdrückt, das bestimmen die Parameter und Werkzeuge einer jeden Zeit.
Je vernetzter die Menschheit agiert, umso gefährlicher sind die Auswirkungen der Geisteskrankheit.
Bis vielleicht - irgendwann, oder auch bald - die künstliche Intelligenz all diese Informationen und die in Panik und Hysterie geschaffenen Regeln nicht mehr veränderbar durchsetzt - also keine Heiligsprechung der zuvor Verurteilten, keine Entschuldigung mehr möglich ist.

Daher sei wachsam und achte auf die Indikatoren.
Wird dir Angst eingejagt, ist der kranke Geist nicht weit. Wird aber deine Eigenverantwortung und Eigenliebe gefördert, so kann dies nur zu deinem Guten sein und nicht, damit du dem Ziel eines anderen nutzt.

Vorsicht vor den Menschen, die dich seelisch oder körperlich ausbeuten, dich manipulieren, indem sie Ängste in dir schüren, dich wertlos fühlen lassen, dich klein machen, dich dauernden Schuldzuweisungen aussetzen, hysterisch um sich schlagen und dich anschreien oder sich gar körperlich gegen dich wenden.
Sie können dich auf Händen tragen, sie können dich umschmeicheln wie kein anderer Mensch; sie können dir Aufmerksamkeit schenken, wie kein anderer und sie können dir ein sehr intensives Gefühl von Heimat und Liebe schenken, doch der Preis dafür ist hoch. Dienst du nicht ihren Anforderungen an Aufmerksamkeit, unterwirfst du dich nicht ihren Regeln, wie du dich zu benehmen und zu kleiden hast, fällt die Maske und dein wertvollstes Gut wird dir genommen - deine Energie. Instabil und noch energieloser als vor der Begegnung wird dein Selbstwert wieder und wieder zertreten, bis du nicht mehr aufstehst.

Doch auch Narzissten sind nur heilbar, wenn sie es selbst wirklich wollen. Als Co-Narzisst bist du in Gefahr, für die falsche Hoffnung auf Heilung dieser Krankheit dein Leben herzuschenken.

Erkennst du das, trenne dich und suche das Weite, solange du kannst, denn du wirst und kannst derartige Krankheiten nicht heilen. Sie sind die gefährlichsten Gegner deines Schicksals. Deines eigenbestimmten Lebens. Sei wachsam und beobachte genau: Wo begegnen dir übermäßige Emotionalitäten, in die eine und die andere Richtung (Förderung und Zerstörung deines Seins), wo empfindest du Balance, wo Extreme?
Und suche immer zuerst in dir, warum du dich von dem einen oder anderen Extrem so angezogen fühlst.

Erkenne das Bedürfnis in dir und balanciere es aus, bevor du dich an geisteskranke Menschen bindest und vor allem deine Lebenszeit in einer Illusion vertust.

55

FLUCH ODER SEGEN

Reichtum. Geld. Macht. So viele wollen es, am liebsten geschenkt ... und die, die es haben, sind meist so viel unglücklicher als die, die es nicht haben.

Für denjenigen, der hart für seinen Reichtum und die Macht kämpfen musste, ist oftmals der Genuss dieses erreichten Zieles auf der Strecke geblieben. Sie sind wie Maschinen Opfer ihres eigenen Antriebes geworden. Und damit unglücklich. Andere sind in Wohlstand und Macht hineingeboren und haben die Wertigkeit des Geldes nur vorschoben oder gar nicht übermittelt bekommen. Oftmals geht mit einer derartigen Werteverschiebung auch viel innere Leere und Antriebslosigkeit einher. Wenn Geld immer da und Wohlstand oder Macht selbstverständlich waren, verliert das alles schnell an Kraft und Bedeutung. Und wenn etwas seine Bedeutung verliert, gilt es andere Wertigkeiten zu finden.

Das Problem dieser Suchenden aber ist, dass sie meist jede Form von Wertigkeit immer nur mit materiellen Gütern verknüpft haben - es gibt keine Alternative zu Geld oder Macht in ihrer Welt. Danach kommt nur noch Leere. Sie suchen daher meist im Moloch ihrer Unzufriedenheit mit den gleichen Mustern und in den gleichen Formen, doch gilt es genau diese abzulegen. Getrieben von ihrer Gier nach Macht, Reichtum und Wohlstand, verbrennen sie dabei rastlos ihre Lebenszeit - ohne wirklichen Genuss zu erfahren.

Andere dagegen leben in dem gemachten Nest aus Wohlstand und finden keinen Antrieb, aus ihrem Leben selbst etwas zu kreieren.

Beide fühlen Leere und sind doch umgeben von so viel materieller Fülle.

Noch dazu ist es tatsächlich (leider) ein gewisses Maß an Bedürftigkeit, das auch erfinderisch macht. Wenn man Hunger hat oder friert, wird der Geist des Menschen wacher, da der Überlebenskampf ihn zum „Bewegen" zwingt. Kreativität entsteht selten aus dem Gefühl „satt zu sein". In vielerlei Hinsicht. Somit ist Reichtum für so manchen Wohlhabenden vor allem eines: Der dauerhafte Aufruf, Erfüllung neu zu definieren und dabei motiviert zu bleiben, einen eigenen Antrieb für etwas zu finden und zu erhalten.

Für den Armen geht es zunächst nur ums Überleben, er muss sich nicht dazu aufrufen, Fülle zu genießen, er sehnt sich danach, und das ist die Basis für seine ganze Motivation.

Ironie des Seins: Sein Antrieb ist somit das, was den anderen antriebslos macht.

Es gilt daher, wie immer im Leben, eine Mitte zu finden, die für jeden anders aussieht.

Sich Wohlstand erschaffen durch Fokussierung und Ausdauer, aber die Momente des Lebens immer auch in tiefer Hingabe und Intensität als Kostbarkeit feiern. Dem Ruhen, Genießen und Sein eine große Bedeutung als Geschenk an die Seele zu geben. Im Wohlstand aufgewachsen das finden, was im innersten Herzen brennt, wo Freude und Spaß empfunden wird und man daran wachsen kann; etwas erschaffen, das man nicht kaufen kann, sondern was ganz eigen erschaffen wurde, weil niemand anderes es kann.

Diese und andere Pfade könnten den Weg der Mitte kennzeichnen. Doch finde es selbst heraus. In Liebe und vor allem mit Freude an dem, was du tust.

Und vergiss bitte nie: den Wohlstand nimmst du nicht mit in dein Grab; die Erinnerungen an die schönen Momente aber schon. Egal ob sie in einem goldenen Schloss oder in einer armen Hütte erfahren wurden. IN dir geschieht die Erfüllung, die Freude, der Spaß, die Sehnsucht, die Liebe. Sie sind dein wahrer Schatz und werden dich in die Ewigkeit in deiner Seele immer begleiten.

56

FREUNDSCHAFT

Die unterschiedlichen Wahrnehmungen der Menschen erschaffen auch unterschiedliche Erwartungshaltungen bezüglich des Themas Freundschaft. Dem einen reicht es, einmal im Jahr mit seinem Freund zu sprechen und das als Freundschaft zu definieren; dem anderen wäre das viel zu oberflächlich und zu wenig intensiv. Freundschaft ist daher ein sehr weiter, sich vielleicht sogar immer wieder neu definierender Begriff. Doch unabhängig davon, dass das Empfinden von Freundschaft wertfrei sein sollte, bringt wirkliche Freundschaft vor allem eine Qualität mit sich, die sie von Bekanntschaft unterscheidet: Und das ist Toleranz. Wahre Freundschaft hält viel aus. Viel an Abstand, viel an Missverständnissen, und ja sogar Verletzungen - denn wahre Freundschaft erkennt die Fehlbarkeit des Mensch-seins und kann diese vergeben. Daran wachsen und reifen Freundschaften und erfahren mal mehr, mal weniger, mal schneller, mal langsamer Intensität. Eine tiefe Freundschaft verkraftet auch einmal jahrelanges Schweigen, so wie sie schlimme Missverständnisse aushält. Denn auch Freunde sind der Spiegel unserer Impulse, die wir in die Außenwelt geben. Sind wir offenherzig und tolerant, werden wir mehr Freundschaften erfahren als ein überheblicher, abwertender, negativer Geist. Wer auf andere Menschen zugeht, wird sich vor Freundesanfragen nicht retten können, wer sich selbst isoliert, wohl kaum. Doch Freunde sind wichtig, um nicht im Selbstgespräch mit uns hysterisch einseitige Wahrnehmungen der Vielfalt unseres Seins zu schüren. Der Austausch mit anderen ist wie der Atem des Geistes. Verstummt er, wird der Geist lahm. Ist es ein negativer Geist, verliert er sich in Gram und Jähzorn, Wut, Hass und Rachegedanken - ist es ein positiver Geist, wirkt er allenfalls etwas eigenartig auf andere in seiner andauernden stillen Freude.

Freundschaften beruhen auf Kommunikation. Kommunikation mit uns selbst über die Kommunikation mit anderen. Und Kommunikation ist Leben.
Daher bleibe lebendig, werde lebendig und pflege deine Freundschaften. Sie sind nicht nur Beschäftigung für deinen Geist, sie sind Inspiration, Impulse, Kritik, Unterstützung und ein wichtiges Netzwerk, das dein Leben immens bereichern kann. Denn auch beruflicher Erfolg ist oftmals das Ergebnis guter, solider und langer Freundschaften.

Unterschätze die Kraft einer Freundschaft also nicht.
Auch wenn es manchmal mühsam scheint, weil alle so genannten Freunde ach so beschäftigt mit ihrem „Überleben" sind, zögere nicht, gib dir einen Stups, sei nicht beleidigt, werte nicht, sondern erkenne, dass Freundschaft keine Zeit, keinen Raum

und kein Maß kennt. Freunde sind mit das wertvollste Geschenk, das dir das Leben anbietet. Nimmst du es an, wird dein Leben bunt, lebendig und voller (in vielerlei Hinsicht) unterstützender Impulse freudvoll sein. Blockierst du dich in diesem Geschenk beispielsweise durch Selbstisolation oder Wut (auf dich und die Welt), wird es einsamer, stiller, weniger beflügelnd - und ja auch weniger „unterhaltsam". Doch so mancher mag genau diese Stille und den großen Abstand zu allem und jedem. Auch das ist wertfrei und gilt es zu akzeptieren. Wähle selbst.

57

NETZWERKEN

Eine andere nicht unwichtige Form des „Freundschaften Pflegens" ist das Netzwerken. Kontakte zu pflegen ist eines der wichtigsten Tools in der Arbeitswelt. Begegnungen sind dabei immer eine Chance, dieses Netz an Kontakten noch weiter auszuweiten. Denn irgendwie kennt irgendwer immer irgendwen, der das hat, was du brauchst. Daher ist es eine Art goldener Schlüssel, Menschen zu treffen und mit ihnen in Austausch zu treten. Sich für sie (wirklich) zu interessieren und sich mit ihnen zu verbinden und diese Verbindung zu pflegen, aufrecht zu erhalten. Ein großes Netzwerk aus unterschiedlichsten Bereichen des Lebens kann lebensverändernd sein. Denn Mensch sein bedeutet auch immer Vitamin B(eziehungen) zu brauchen. Nicht nur für die offensichtlichen Benefits wie bessere Sitzplätze im Konzertsaal oder im Restaurant - viel mehr noch für die richtigen Anwälte, Steuerberater, Finanzberater, Immobilienberater und so vieles Essentielles mehr.

Wer nicht nach außen geht, um Menschen zu treffen, verpasst eine Chance nach der anderen, eben genau dieses stützende und gestaltende Netzwerk zu erschaffen. Und so manche Chance, die mit einer Begegnung verbunden sein könnte, kommt nicht zweimal, leider.

Dennoch ist zu erwähnen, dass Netzwerken natürlich auch nur dann Sinn macht, wenn es gezielt ansetzt, wo man selbst Bedürfnisse hat. Hat man beispielsweise nicht vor, jemals ein Haus zu bauen, ist es nicht wichtig gute Bauträger zu kennen. Oder will man nie in Aktien investieren, braucht es auch keinen soliden Kontakt zu guten Brokern. Auch hier ist es wie immer wichtig, mit Bewusstheit zu agieren und sich nicht taumelnd blind zu bewegen, sondern ganz bewusst die entscheidenden Menschen zu treffen.

Netzwerken ist der Atem des Erfolges.
Wie du „atmest", ist dabei ganz deiner Eigenverantwortung überlassen.

58

ERFOLG

Die Spitze eines Systems aus Bewertungen und Bewertenden wird von einem Begriff gekrönt, der so viele Interpretationen hat, wie wir sie von uns selbst haben. Der so genannte „Erfolg" sollte dabei immer mit dem Erreichen eines selbst gesetzten Zieles definiert werden. Doch sind die Ziele und auch die Wege so unterschiedlich wie die Tage auf Planet Erde.
Ich schreibe diese Zeilen, um dir Perspektiven zu erörtern, die du sonst so nicht in dieser geballten Form aufgezeigt bekommst. Und deshalb muss ich in diesem Kapitel folgende Wahrheiten zur „Bewertungskrönung namens Erfolg" festhalten:
Setze dir ein großes Ziel und auf dem Weg dorthin viele kleine Etappenziele. Das erschafft einen Rhythmus von Aktion (dem Wirken nach Außen) und kleinen Momenten der Freude, die in einer Erholungsphase auch genossen werden können. Denn nur über den Spaß an dem (oftmals sehr langen) Weg, sind Kraft und Ausdauer dafür zu finden.
Sei dankbar für das Erreichte, aber/und werte es nicht selbst ab. Frage niemand anderen nach seiner Bewertung deines Etappenziels. Diese Menschen bringen dich aus der Balance - entweder weil sie den Wert verkennen, oder weil sie alles zu sehr

überbewertest und du den Ansporn für den nächsten Schritt verlierst. Die Balance ist in dir. Bleibe bei ihr und frage nicht nach Außen.

Miss dich niemals an anderen. Der Kosmos ist so komplex, dass ein Vergleich mit anderen niemals objektiv geschehen kann. Andere hatten andere Startpositionen in ihrem Leben, haben andere kosmische Verdienste oder Blockaden (die energetisch ihren Weg begleiten), haben andere Kraftpotentiale und so vieles mehr. Es gibt dich nicht zweimal und schon gar nicht in den gleichen Umständen. Vergleiche dich allenfalls, um deine Individualität noch deutlicher zu erkennen und zu unterstreichen.

Nutze die Freude über das Ereichen deiner kleinen Etappenziele, um Gutes zu tun und Spuren der Liebe zu hinterlassen. Materieller Erfolg sollte ausschließlich dazu da sein, um dir und deinen Liebsten (oder gar noch vielen anderen) schöne Momente zu erschaffen, denn nur die Erinnerungen (und damit die energetischen Stempel in deiner Seele) nimmst du mit in die Ewigkeit. Alles andere wird (für dich) wertlos, sobald du den Körper verlässt. In der Ewigkeit des Kosmos gibt es nur „Energiereichtum" oder „Energiearmut".

Erfolg an sich ist nur so viel wert, wie du ihm an Bedeutung verleihst - oder die Menschheit ihm gibt. Wenn die Aufzeichnungen über den Erfolg aber verschwinden und in Vergessenheit geraten, bleibt nichts davon übrig. Du allein bist der Hüter dieses Schatzes in dir. Für die Ewigkeit.

Erfolg ist ein Bewertungsstempel - steige aus diesem System

aus und setze Freude über etwas Erschaffenes bzw. Erreichtes an die Stelle dieses Wortes.

Erfolg hat nicht immer etwas mit Können zu tun, oftmals aber mit Glück und Fügung (die Ingredienzien des eigenen Schicksals), daher werte und bewerte nicht andere nach ihrem sichtbaren Erfolg oder Scheitern - kosmisch betrachtet ist wirklich „erfolgreich" ausschließlich derjenige, dessen Seele vor Freude und Erfüllung strotzt.

Daher spanne deine Perspektive immer weit in das Himmelszelt auf, sodass du immer das große Ganze betrachten kannst. Erkenne die Vergänglichkeit des Materiellen, aber wisse um dessen Potential, dich entweder energetisch zu fördern - oder zu blockieren.

Gehe behutsam mit diesem Werkzeug um, immer im Blick: Deine ewige Reise.

59

SEX

Als Mensch bist du Körper, der von einer Energie belebt wird, welche ein individuelles Bewusstsein besitzt (Seele). Diese drei Komponenten (Seele, Bewusstsein und Körper) sollten in Balance sein, dann geht es dir am gut. Lebt man einen Teil zu intensiv oder zu wenig, erschafft das Energieblockaden und möglicherweise Krankheiten.

Ein Katalysator, den Körper aus seiner Anspannung (oftmals erschaffen aus Gedanken und Gefühlen) zu erlösen, ist körperliche Berührung bis hin zum Sex. Der Umgang mit dieser eigentlich sehr pragmatischen Tatsache ist aber erneut so individuell, wie jeder Körper es ist.

Vom krankhaften, eher Blockaden auslösenden Zölibat über körperliche Begegnungen ohne emotionale Bindung bis hin zum körperlichen Austausch allein auf der Basis einer engen emotionalen Bindung ist alles möglich.

Es obliegt daher ausschließlich deinem (Selbst)wertsystem und deinem Glaubenssystem, was du daraus machst. Und egal, wie du dieses Thema auslebst, all das ist und bleibt wertfrei. Dennoch gibst du allein wie immer den Dingen die Bedeutung. Daher bist du es auch ganz alleine, der diesem Thema seine Bedeutung für dich gibt. Und wie auch immer du dieses Thema handhabst, vergiss dabei bitte nie, dass es der animalische Teil in dir ist, um dessen Aufmerksamkeit es hier geht.

Halte die Balance auch zu den anderen Komponenten, die du ebenfalls bist. Be- und entwerte Sex nicht zu sehr - es ist nur ein Werkzeug, aber nicht das Ziel. Wenn für den einen (mit Sex) das Ziel die Gründung einer Familie ist, kann es für den anderen die Erfahrung von lebenslanger Freude über Sinneslust sein. Finde dein Ziel und erkenne Sex als ein Werkzeug auf dem Weg dorthin, das durchaus gesundheitsfördernde Komponenten in sich trägt, energetischen Austausch bedeuten kann, aber nicht muss, und auch Risiken von Sucht und Krankheit in sich trägt. Wähle selbst, was du damit und daraus machst.

60

LEIDEN

Wie wir schon erörtert haben, betet ein Großteil unserer Welt eine Leiche am Kreuz an. Dieses Symbol suggeriert Leiden als etwas Unumgängliches auf diesem Planeten und erschafft damit viel Aufmerksamkeit auf das Gegenteil der energetischen Wahrheit – dass nämlich Freude der Pfad der Erfüllung ist. Es behandelt das Thema Leiden als wäre dies der Weg in den „angeblichen" Himmel.

Leiden, büßen, schuldig sein, bestraft werden, Verbote und so viele andere unendlich erniedrigende Impulse sind die andauernde Botschaft dieser Institutionen. Doch kann das stimmen? Ist der Kosmos wirklich ein strafender, der Leid einfordert?

Ich denke, ich verlange nicht zu viel, wenn ich hoffe, dass du die nicht vorhandene energetische Logik darin erkennst ...

Denn das Leiden ist eine Farbe im Kosmos, sollte jedoch nie deine Hauptfarbe sein.

Denn Leid ist keineswegs ein überflüssiges Werkzeug des Kosmos - im Gegenteil. Selbst die innerlichen oder/und äußeren Schmerzerfahrungen tragen ein (gutes) Potential in sich. Denn wer leidet, fühlt sich nicht gut, und wird der Leidensdruck schmerzhaft, wächst die Sehnsucht nach Befreiung aus diesem Zustand. Und dort, genau dort liegt die große Chance des Leidens als eine Leitplanke des Lebens - um das ewige und weitere Leiden zu vermeiden. Dich in Bewegung zu bringen. Dich wachzurütteln aus dem unbewussten Taumeln, aus der Opferperspektive. Aktiv zu werden, dein Leben anders und neu zu gestalten. Dorthin, wo das Lachen und die Freude, die Liebe und die Freundschaft wohnen.

Leid ist ein guter Lehrer, um den falschen Pfad zu erkennen, sollte aber nie zu einem Glaubensmuster werden, das dein Leben „leitet". Erkenne das positive Potential in den Schmerzerfahrungen als Aufruf - diese zu vermeiden und zu lösen.

61

VORSORGE

Das Leben ist kurz, aber es zu leben, kann sich manchmal mühsam gestalten
Über einen sehr langen Zeitraum müssen Miete, Essen, Krankenversicherung, Reparaturen und so vieles mehr bezahlt werden, doch Geld verdienen die meisten Menschen nur bis zu ihrer Rente. Und immer öfter ist der so genannte Ruhestand nochmal so lang wie die Arbeitszeit. Auf einmal nicht mehr zu arbeiten, sondern das Leben bestenfalls zu genießen und einfach nur zu sein, dabei aber kein geregeltes Einkommen generieren zu können, sondern von einer Pension oder den erschaffenen passiven Einnahmen zu leben - das ist eine große Herausforderung, auf die ich hier hinweisen möchte. Die vielen Jahrzehnte deines Lebensherbstes und -winters sind genauso kostspielig, wenn nicht durch Krankheiten und Pflegepersonal sogar noch teurer wie die Arbeitsjahre.
Plötzlich hat man Zeit und in dieser will man Spaß haben, endlich nur tun, wozu man Lust hat. Doch oftmals ist dieser Spaß mit Kosten verbunden. Der schwächer werdende Körper braucht dazu noch viele Medikamente und Arztstunden.

Daher ist es essentiell, dass du im besten Fall schon ab deinem ersten Tag als arbeitender Mensch einen Teil deines Einkommens so investierst, dass du damit passive Einkommen oder generell eine sehr hohe Rente generierst. Das Leben ist lang, doch es geht schnell vorbei und ehe du Luft holen kannst, sind 20 oder 30 Jahre um, und dein Ruhestand naht.

Hab ihn immer im Blick und sorge ganz bewusst und konzentriert vor. Einen Lebensabend unter ärmlichen, kalten oder gar nahrungsknappen Umständen zu erleben und diese als letzte Eindrücke dieses Lebens mitzunehmen, ist nicht wirklich ein schönes Ziel - und kann vermieden werden. Durch gute Organisation und konkrete Investitionen in die richtigen Sicherheiten. Daher nutze deine Kraft und deine Ideen immer im Blick auf das große Ganze deines Lebens. Dann wirst du weicher in diesen Lebensabend gleiten als derjenige, der dies vernachlässigt hat.

62

SPEZIALISIERUNG

Wenn du auf der Suche nach einem Beruf bist, oder dich umorientieren möchtest, dann ist wie so oft die erste Frage, die du beantworten musst, WAS genau deine Motivation, dein Ziel ist. Willst du beispielsweise viel Geld verdienen und bist du bereit dafür auch viel zu arbeiten (also wenig Privatleben zu erfahren), oder willst du viel Zeit mit deinen Liebsten haben, auch wenn es dabei finanziell oft knirscht? Oder willst du einen künstlerischen Weg gehen, in dem du dich selbst verwirklichen kannst? Es gibt so viele Möglichkeiten …

Hast du dieses Ziel einmal klar formuliert, gilt es deine Talente zu kennen und anhand dieser Talente eine Spezialisierung aufzubauen. Denn nur die Menschen, die etwas können, das nicht jeder kann, werden „gebraucht". Und je mehr du „gebraucht" wirst, umso mehr kannst du Ausgleich (Geld) für deine Arbeit bekommen.
In der Umkehrung bedeutet das: Suchst du dir einen Beruf ohne Spezialisierung, wirst du austauschbar, und damit sinkt zumindest der (angeblich gesellschaftlich materiell gemessene) Wert.

Spezialisierung ist daher ein wichtiger Pfad in deinem Leben. Wählst du ihn, wirst du einen anderen Weg gehen und andere Ergebnisse erzeugen als ohne.

Auch das ist, wie immer, wertfrei, dennoch hilfreich gemeint.

Wähle selbst.

Wähle deinen Beruf nach den Ergebnissen, nie nach dem Weg dorthin, denn der folgt ganz klar deiner Ausrichtung, deiner Entscheidung, WIE du dein Leben verbringen willst.

63

WOHLSTAND IST KEIN ZAUBERWERK

Alle wollen ihn, so wenige haben ihn: Wohlstand.
Doch jeder trägt eine andere Definition davon in sich. Dabei koppeln die meisten Menschen ihr Glücksempfinden an diesen Zustand - was grundsätzlich falsch ist. Wohlstand ist ähnlich dem Geld hilfreich, um sorgenfreier zu leben, doch selbst das muss nicht zwingend so sein.
So mancher Wohlhabende hat – wenn auch vielleicht andere -, aber durchaus auch eine Menge Sorgen. Dennoch kann ein gewisser Wohlstand das Gemüt beruhigen. Und das kann dann eine angenehmere Lebensgrundlage sein.
Glücklich leben aber ist etwas anderes und nicht zwingend an Wohlstand gebunden.

Ganz abgesehen davon, dass es auch so etwas wie einen energetischen Wohlstand gibt, der gleich ganz weit weg vom materiellen Wohlstand ist. Mit sich selbst und der Welt Frieden geschlossen zu haben, das Unveränderbare akzeptiert, das Veränderbare forciert zu haben, die Vielfalt des Lebens als Geschenk ausschließlich in Dankbarkeit anzunehmen und die Freude am Sein zu entfalten - und diesen Schatz in sich zu bewahren und mitzunehmen auf die ewige Reise - DAS ist wahrer Wohlstand. Weil er in uns erschaffen und gepflegt wird und dadurch zu einem ewigen Wohlstand werden kann.

Hab auf dem Weg in die Realisation deines Wohlstandes immer diese beiden Pole im Blick, verliere dich nicht, verausgabe dich nicht im Kampf um den materiellen Wohlstand, wisse, dass er lediglich eine Art Beruhigung schaffen kann, aber kein glückliches Sein.
Richte immer auch deine Aufmerksamkeit auf die Erschaffung eines inneren Wohlstandes - dann bist du dem Empfinden von Glück und Freude schon sehr nah.

64

ÜBERLASTUNG DER MENSCHEN

Für die meisten Menschen, die nicht in ein System hineingeboren worden sind, welches ihnen Wohlstand auf Lebzeiten ohne Zutun ermöglicht, wird das Leben sehr anstrengend. Denn das bedeutet, sie werden jemandem oder etwas „dienen" müssen, um zu überleben. Und zu dienen ist anstrengend. Wie weiter oben schon erörtert, werden die Darsteller der oberen Reihen alles von dir fordern. Alles. Deine Lebenszeit, deine Lebensenergie, deine Kreativität, dein ALLES. Und dafür werden sie dich so entlohnen, dass du gerade ein Leben leben kannst, das es ermöglicht, nicht nur wütend auf sie zu sein. Und du wirst erschöpft sein. Dauerhaft erschöpft sein.

Erschöpft von der vielen Arbeit, der Verantwortung, die man dir gibt, von den sozialen Verpflichtungen, die damit einhergehen. Aber du wirst auch erschöpft sein von den privaten Herausforderungen, dem Lieben, dem Ent-lieben, dem Streiten, dem Heiraten und Scheiden, den Umzügen, den vielen Rechnungen, die dich dauernd erreichen, den schreienden Kindern, die dann, wenn alle Ferien machen, deine ganze Aufmerksamkeit fordern, den Großeltern, den Schwiegereltern, die alle an dir zerren - dass du sie doch endlich mal besuchen solltest - und so vieles mehr.

Und wenn du nicht aufpasst, wirst du viele Jahre, wenn nicht gar dein ganzes Leben, nur von A nach B hetzen und für Z beschäftigt sein, aber nicht damit, dich selbst zu lieben und zu genießen. Überlastet bis zum Anschlag wirst du keine Sekunde haben, in der du dich nur um dich kümmerst, ganz viel ausschlafen und die Seele baumeln lassen kannst. Doch wozu genau lebst du dann, wenn nicht für die Erfüllung deiner Herzenswünsche in Frieden und nicht in Hast?
Wozu sollst du wem dienen und deine Lebenskraft herschenken?
Wofür?
Sei wachsam in jeder deiner Entscheidungen und setze sie immer in Einklang und Harmonie mit deinem tiefsten Innersten, niemals aber in Eile oder unter Druck. DU bist das Wichtigste in deinem Leben. Wenn du nicht mehr bist, ist allen anderen, die mit dir leben noch weniger geholfen. Daher achte an allererster Stelle auf dich selbst. Liebe dich. Halte inne, raste, schlafe in Ruhe und lange, pflege deinen Körper und deine Sinne.
Reflektiere genau, bevor du in deinem Leben große Veränderungen mit großen Verpflichtungen, wie sie beispielsweise Kinder bedeuten, erschaffst, und frage dich dabei immer: Wird es mich mehr Kraft kosten als es mir Freude bringen wird? Und

vor allem, wie LANGE wird es mich Lebenszeit und Kraft kosten? Haben die Gefährten, mit denen ich diese Reise angehe, ähnliche Kraft wie ich oder weniger Antrieb?

Wäge genau ab, was was bedeutet und setze deine Schritte ganz bewusst - immer deinen größten Schatz beschützend: deine Energie.

65

TANZ DER RESONANZEN

Der Kosmos ist in dauerhafter Bewegung. Stillstand gibt es nicht, denn der Kosmos ist Energie, und Energie ist Bewegung. Energie fließt. Eingebunden in diesen ewigen Strom von Stirb und Werde ist alles mit allem irgendwie verbunden in Aktion und Reaktion. Doch wie wir agieren und reagieren, wird maßgeblich davon beeinflusst, worauf wir reagieren. Nicht nur die eigene Bewusstheit und Balance ist dabei ausschlaggebend, sondern auch die Energetik unseres Gegenübers.

Es gibt vielleicht Menschen, in deren Nähe du dich einfach nur wohl fühlst, die dir ein Gefühl von Wärme und Geborgenheit übermitteln. Und es gibt wahrscheinlich genauso Menschen, die dich beispielsweise aggressiv machen oder beängstigen, oder traurig machen, oder in deren Gesellschaft du dich plötzlich sehr zerbrechlich fühlst, vielleicht auch genau das Gegenteil.
Du bist dabei aber immer der gleiche Mensch, nur dein System reagiert auf die Energie deines jeweiligen Gegenübers anders.

Wir sind alle, was wir sind, und wir sind es im Austausch mit

dem, was die anderen sind. Da du aber niemals andere Menschen ändern kannst, sind diese Spiegelungen ein dauerhafter Aufruf für dich, dich selbst zu finden und zu bewahren.
Es ist daher essentiell, dass du diesen unbewusst wirkenden Resonanzen, die in dir in Bezug auf etwas oder jemanden entstehen, sehr viel Aufmerksamkeit und Bedeutung schenkst. Dein Unterbewusstsein spricht dadurch zu dir.
Fühlst du dich unwohl oder beobachtest du, dass dein System sich plötzlich anders verhält, als du es gewohnt bist, du ängstlich wirst oder abblockst, dich nicht traust dies oder jenes zu sagen oder zu tun, was vorher für dich kinderleicht war - dann sprechen die Energien der Resonanzen aus dem Unterbewusstsein zu dir und flüstern dir zu: Hier fühlen wir uns nicht wohl, lass uns in Abstand gehen, dorthin, wo wir uns wohl fühlen.
Oder wenn du vielleicht ein sehr freudvolles, offenes Wesen bist, aber plötzlich in der Nähe bestimmter Menschen nicht mehr lachen magst oder kannst ... dann ist auch das ein wichtiges Indiz für dich.

Du kannst diese Automatismen nicht unterdrücken. Du kannst dich nicht selbst ein Leben lang manipulieren. Du kannst dein wahres Innerstes nicht ewig ignorieren. Im Gegenteil - du solltest ausschließlich auf derartige Impulse hören, denn sie führen dich in die Erfahrung der Erfüllung. Lauschst du deinem Unterbewusstsein auf diese Weise und folgst ihm dorthin, wo es frei und freudvoll, friedvoll und liebevoll ist, wird dein Leben ein ganz anderes, als wenn du dieser inneren Stimme keinen Raum gibst.

Die Reaktion deines Unterbewusstseins auf die anderen ist daher dein bester Wegweiser, um ganz du selbst zu werden und … zu bleiben.

66

ERKENNE FASCHISMUS, WO ER DIR BEGEGNET

Es ist der tierische Anteil im Menschen, der ihn mitunter zu einem sehr unbewusst lebenden Wesen macht. Und da, wo Unbewusstheit herrscht, wird Verbundenheit nicht wahrgenommen, sondern Trennung. Und diese sogar noch geschürt.

Vielleicht hast du in der Schule davon gehört, wie die Menschen den Holocaust durch die Verurteilung und Ermordung einer bestimmten Rasse erschaffen haben. Und ganz sicher hast du selbst schon einmal in deinem Umfeld beobachten können, wie eine Gruppe durch eine andere Gruppe ausgegrenzt wurde. Egal ob schwarz oder weiß, Jude oder Christ, und wie sie nicht alle heißen - Hass, Wut, Missgunst, Neid und Negativität werden untereinander und gegeneinander von Menschenhand erschaffen.

Ich habe erlebt, wie derartige Ausgrenzungen von Menschen verurteilt wurden, die im nächsten Moment genau diese Ausgrenzung selbst erschufen.

Es ist daher wichtig festzuhalten, dass der unbewusste Mensch auch ein ausgrenzendes, spaltendes und verurteilendes „Tier" ist. Jeder, der dir etwas anderes vermitteln will und sich in scheinheiligen Worthülsen verliert, lügt.

Es wird immer etwas geben, das die Menschen in ihrer Bewusstheit und Barmherzigkeit prüft. Und an dem Grad der Spaltungsbereitschaft wirst du ihren Grad an Bewusstheit ablesen können. Und du wirst erschrecken, wenn so viele, die vorher die Maske des liebevollen Verständnisses trugen, einen Grund finden, ihren inneren Faschisten auszuleben und andere auszugrenzen, zu bestrafen und zu misshandeln. Du wirst erschrecken, wie wenig Toleranz und Bereitschaft für Dialog sie in sich tragen, doch du wirst umso wacher und bewusster erkennen, wer wer ist.
Es ist ganz einfach:
Bewusstheit geht mit tiefgreifendem Verständnis, wirklicher Toleranz und Akzeptanz einher. Unbewusstheit dagegen mit Bewertungen, Verurteilungen und Spaltung.

Sei wachsam, denn oftmals sind die, die sich mit Verbundenheit und Toleranz schmücken, die größten Faschisten.

67

FREUNDENTANZ

Der menschliche Körper wird nachweislich durch Energie belebt. Und Energie ist Informationsträger. Doch welche Informationen dich durchfließen, kannst du auch selbst beeinflussen.

Kraft deines freien Willens kannst du nicht nur entscheiden, was du an Informationen der Außenwelt konsumieren magst, sondern auch, wie du nach außen blickst. Deine innere Haltung entscheidet, ob du das Glas halb voll oder halb leer wahrnimmst. Und diese innere Haltung kannst du selbst lenken.
Siehst du das Leben aus einer spielerischen Perspektive, wirst du auch etwaige Hürden und Blockaden im Außen verspielter und damit freudvoller nehmen. Eine fast schon dauerhafte kindliche Freude, überhaupt zu sein, am Leben zu sein, dieses gestalten zu können und Spaß zu haben - durchströmt die Menschen mit dieser Haltung, und sie bewahren sich diese Freude wie einen großen inneren Schatz. Denn dort, wo Freude ist, ist Kraft und dort, wo Kraft ist, ist das Leben leichter.

Diejenigen aber, die sich die Freude nicht bewahren, sie früher oder auch später verloren haben, empfinden in der Folge der Kraftlosigkeit ihr Leben als schwermütig und anstrengend. Sie spielen nicht, sie leiden.

Lass das nicht zu. Bewahre dir deine Freude und beschütze sie - sie ist dein heimliches Lebenselexir.

68

LEBEN UND LEBEN LASSEN

Let it go, let it flow

Energie muss fließen.
Sie zurückzuhalten verursacht Stagnation und Krankheiten auf der materiellen und körperlichen Ebene, sowie Energieblockaden auf der feinstofflichen Ebene.
Beides ist vermeidbar, wenn du im Fluss des Seins das Geben und Nehmen ausgewogen hältst und immer das Maß des Moments erfühlst. Letzterer ruft dich vehement auf, mit der dauerhaften Bewegung der Energien zu fließen, mit ihnen zu schwingen.
Wie Mikro- und Makrokosmos Ausdruck ein und des Gleichen sind, so ist die Fülle, die dich umgibt, immer auch ein Aufruf, diese zu teilen.
Der Kosmos gibt dir dauerhaft Energien, Chancen und Möglichkeiten, Begegnungen und Schicksalsmomente - er „verlangt" dafür gar nichts, doch darf das, was du bekommst, nicht in einem statischen Zustand nur bei dir bleiben. So ist das auf der materiellen wie auch energetischen Ebene.
Hast du zum Beispiel einen gewissen Wohlstand erreicht und bist gesund und kraftvoll, um diesen weiter zu erhalten und aus-

zubauen, so kannst du beispielsweise das ein oder andere Mal in speziellen Situationen nicht auf den letzten Cent des Rückgeldes beim Kauf bestehen und die Differenz der Kassiererin schenken. Oder einem Familienmitglied, das in Schwierigkeiten steckt, die ihm schwer zu schaffen machen, schneller und unbürokratisch, selbstloser helfen … oder dem Angestellten, der gerade einen Fehler gemacht hat, der zu einem kleinen finanziellen Schaden für das Unternehmen geführt hat, das Leben durch Verständnis und wohlwollende Lösungsansätze wieder leichter machen.

Die Beispiele könnten unendlich sein, die Botschaft ist klar und ganz einfach: Lebe und lass die anderen ebenfalls leben. Mache ihnen nicht das Leben schwer, sondern hilf mit, es zu erleichtern.

Da draußen sind Millionen und Abermillionen von Menschen, die (leider) nicht so denken und überhaupt kein Bewusstsein für die Resonanzen auf ihre Entscheidungen oder Nicht-Entscheidungen haben. Sie trampeln auf anderen herum, ohne einen Funken von Rücksicht oder gar barmherzigem Empfinden. Sie erzeugen dadurch ihre ganz eigenen Dramen. Denn wer so unbewusst seine Schritte setzt, erntet die Früchte der Lieblosigkeit und Respektlosigkeit ganz von alleine.

Der Kosmos „weiß", wo die Energien fließen. Barmherzigkeit und Güte sind die Sprache derjenigen, die diese Gesetzmäßigkeit leben. Die sich nicht in Kleinigkeiten verlieren, weil sie immer das Große im Blick haben. Die sich nicht in Streitereien verwickeln lassen, weil sie wissen, dass die Lösung im bewussten (also nicht hysterischem Herumschreien) Kommunizieren liegt. Die in Auseinandersetzungen nicht starr bei einem Nein bleiben, sondern auch ein Ja in Erwägung ziehen und umgekehrt. Die sich dem Hilfesuchenden, Bittenden hinwenden - selbst wenn derjenige nicht mehr rufen kann.

Bestrafe nicht, sondern lebe die Demut des ausgleichenden Systems Kosmos. Wenn du seine Fülle schon bewusst erleben darfst, sei ausschließlich ein Vorbild für die Haltung, in der du diese Fülle erschaffen durftest. Andere haben andere Geschichten, andere Startpositionen in ihrem Leben, andere Voraussetzungen. Es obliegt nicht deiner Macht, das zu bewerten, aber es liegt in deiner Kraft, das zu verbessern. Dieses Geben ist Teilen, und wenn du etwas in Liebe und Barmherzigkeit teilen kannst, so spiegelt dir das (mal mehr, mal weniger bewusst empfundene Dankbarkeit des Empfängers) nur noch mehr Kraft zurück. Du kannst daher in diesem Prozess nichts verlieren, sondern nur gewinnen.

Daher lass die anderen so sein, wie sie sind.
Nörgle nicht an ihnen herum, beschimpfe sie nicht, kritisiere sie nicht, bestrafe sie nicht, sondern erkenne ihr Wesen - lass es leben, lass es blühen, fördere es und liebe es.
Sei das Gegenteil von dem, was diese Welt ausmacht. Sei gütig und barmherzig, lass die Energien (und die Materie), die du

hast, weiter fließen, auf dass sie sich in den Resonanzen der anderen um ein Vielfaches potenzieren.

Lass dein Gegenüber so sein, wie es ist. Manipuliere nicht, akzeptiere und mache es dir zum obersten Gebot deines Lebens, für dich und für andere ausschließlich Schönheit, schöne Momente und vor allem schöne Gefühle zu erzeugen.

Schenke ein Lächeln und keine gramvolle Miene.
Schenke Freude und nicht Schuldgefühle.
Schenke Liebe und nicht Angst.

69

VERSCHWENDE NICHT DEIN LEBEN

Der (sich seiner selbst und der Kostbarkeit des Lebens) unbewusste Mensch beantwortet die Frage nach dem Sinn seines Lebens gerne mit einer Dienerschaft an ein System; sei es eine Firma, eine Familie oder andere, die eigene Lebenszeit und Lebenskraft fordernde Verantwortungen.

Die Antwort des bewussten Menschen würde dafür umso kürzer und klarer ausfallen. Ohne großes Wenn und Aber hat er nämlich erkannt, dass jeder Moment in seinem Leben einzigartig ist und so nie mehr wiederkommt, dass er selbst, so wie er jetzt ist, nie wieder sein wird, weil alles sich immer wandelt. Der bewusste Mensch lebt in einem ganz anderen Gefühl (von Zeit und Raum). Und das macht ihn zu einem dankbaren Wesen. Dankbar für das Geschenk des Seins, dankbar für die Momente in Frieden und Liebe, dankbar für Freude und Gesundheit, für Freunde, für die Liebe, für den Beruf … und so vieles mehr. Dankbar - für alles, selbst wenn es nicht immer und dauerhaft anhält.

Und Dankbarkeit ist die Schwester der Liebe. Wo Dankbarkeit herrscht, ist Demut nicht weit. Denn wer dankbar für sein Leben ist, der liebt dieses Leben. Er liebt seine Umwelt, er liebt seine Arbeit, seine Mitmenschen, einfach alles, was ihn erfüllt. Doch vor alledem liebt er SICH SELBST. Er ist erfüllt. Er kennt und erkennt keinen Mangel. Er würdigt das, was ist.
Die Kostbarkeit des Seins zu erkennen und auch WIRKLICH zu fühlen, bringt Verantwortung mit sich. Nämlich die Verantwortung für sich selbst.

Die Verantwortung, sein Leben nicht herzuschenken an direkte oder indirekt energieraubende Systeme und Menschen.
Die Verantwortung, sein Leben nicht in Sklavereien zu verbringen, sondern in Freiheit.
Die Verantwortung sich selbst gegenüber, ganz authentisch man selbst zu werden - und zu bleiben.
Die Verantwortung, dieses Leben so zu gestalten, wie man es selbst möchte.
Die Verantwortung, mental und körperlich gesund zu bleiben.
Du Verantwortung, seine Träume lebendig zu machen, um Erfüllung und Glück in sich zu fühlen und immer wieder aufzutanken.
Die Verantwortung sich selbst gegenüber, Menschen und auch Umstände zu verlassen, die einem nicht gut tun, die wie Energievampire an einem haften, Abhängigkeiten erschaffen und dich dadurch versklaven.

Kein Geld, keine Häuser, keine Autos, kein Gold, keine Kleider, kein Ruhm und keine Ehre, nichts, GAR NICHTS von dem wirst du mitnehmen, wenn du eines Tages diesen Körper verlassen musst! Einzig und allein das GEFÜHL in dir, welches sich bis zu diesem Moment (des Todes) am kraftvollsten in dir angereichert hat, wird dich in deine ewige Reise begleiten.

Bist du erfüllt von Freude, Glück und Dankbarkeit, fühlst du dich leicht und unbeschwert; ist dein Leben aber geprägt von Schwere und Traurigkeit, so nimmst du diese Erinnerung mit.

Das Leben ist ein großes Geschenk des Kosmos an dich. Verschwende es nicht.

Nimm es an, spiele voller Freude am Sein.

Gib, ohne dich dabei zu verlieren.

Liebe, ohne dich selbst dabei zu vergessen.

Wachse (aus dir heraus), um dich noch mehr im Innen wiederzufinden.

Erforsche Wissenschaften, doch immer auch dich selbst.

Probiere unterschiedliche Perspektiven in Bezug auf andere einzunehmen, doch vor allem auf dich selbst.

Lebe, wachse, blühe und feiere das Leben!

Verschwende deine Lebenszeit nicht an eine Pflicht (die letztlich nur ein Indiz für ein Sklaventum ist).

Verschwende deine Lebenskraft nicht an andere, denn DU wirst sie nicht heilen.

Verschwende dich nicht!

Eines Tages wirst du aufwachen und rein aus Altersschwäche nicht mehr die Kraft haben, dein Leben so zu gestalten, wie du es gerne gehabt hättest.

Sei vorsichtig und wachsam, denn das Leben ist nur die Spielwiese für etwas viel Größeres. DICH. Dein ewiges ICH. Nutze diesen Spielplatz der Vergänglichkeit, werde ganz du selbst und sammle dabei Freude und Liebe so viel du kannst. In dir. Denn dieser Schatz ist ewig.

70

LIEBE

Ich stelle dieses Kapitel an den Schluss dieses Buches, weil es das wichtigste ist.

Einerseits kann allein dieses Thema ein ganzes Werk füllen, und andererseits ist es so unfassbar, dass man es nicht wirklich erklären kann. Denn Liebe IST, oder sie ist nicht.

Es gibt keine halbe Liebe oder halbherzige Liebe, keine Liebe, die man erzeugen oder kaufen kann. Sie ist oder sie ist nicht. Man kann sie sich nicht einreden, sie nicht manipulieren oder lenken. Nein, sie IST oder sie IST NICHT.

Und weil das so einfach und klar ist, gilt es die Zeichen des Liebens immer genau mit dieser einfachen Klarheit zu lesen. Sind Menschen mit dir zusammen, die dich lieben, oder sind es Menschen, die dich blockieren, dich kritisieren, dich manipulieren wollen zu ihrem Vorteil und ausnutzen?

Oder sind es Menschen, die dich fördern, dir Kraft geben, mit dir in Austausch gehen, weil sie sich wirklich für dich interessieren und dich so mögen, wie du bist. Ohne wenn und aber. So wie du bist.

Liebe heißt annehmen, was ist. Wirklich lieben bedeutet, keine Fehler zu sehen, sondern Möglichkeiten, einander zu fördern.

Liebe ist, wie das Leben selbst, ein großes Geschenk des Kosmos.
Liebe empfinden macht das Leben noch wertvoller. Sie zu beschützen, erst recht.

Daher gehe wachen Auges durch dein Leben, beobachte, wo du Impulse der Liebe findest und wo nicht. Meide die Orte und Menschen, die nicht in Liebe sind. Versuche nicht, sie zu bekehren - denn Liebe ist eine Kraft, die im Inneren eines Menschenherzens wohnt - oder eben nicht.
Reden, überreden und überzeugen bringt dabei genauso wenig, wie zu hoffen, dass dieser oder jener Impuls einen Menschen doch noch in die Liebeskraft bringt, denn auch geduldiges Warten erzeugt keinesfalls Liebe.

Wo du wirklich geliebt wirst, wirst du es so, wie du bist.
Wo du nicht wirklich geliebt wirst, wirst du (geistig oder körperlich) missbraucht, kritisiert und deiner Lebenszeit und Lebenskraft beraubt.
Und genauso gilt das auch für dich.
Wo du wirklich liebst, liebst du, so wie es ist.
Wo du nicht wirklich liebst, wirst du anhaltend unzufrieden und unglücklich sein und deinen Mitmenschen das Leben schwer

machen und ihnen, wie auch dir, kostbare Lebenszeit rauben. Doch wie wir erfahren haben, ist das Leben zu kostbar, um auch nur eine Sekunde in Lieblosigkeit und Ablehnung zu verschenken.

Daher sei du, liebe dich und liebe, was du tust, dann werden dich auch Menschen umgeben, die dich so lieben, wie du bist, und dein Leben wird voller Liebe und Erfüllung sein. Alles andere ist eine Maske, die dich deine Lebenskraft kostet. Wähle weise, doch vor allem in Liebe.

Die Schlüssel

Zusätzlich zu all den vielen kleinen
Denkanstößen aus den vorherigen Kapiteln,
möchte ich hier noch ein paar kurze,
aber sehr essentielle Hilfen festhalten,
die dein Leben erleichtern sollen.

Das A und O – die ersten Schritte in dein neues Leben.

A) Lass ein großes Blutbild machen, in dem du nicht nur deine Nahrungsmittelunverträglichkeiten herausfinden, Organfunktionen testen, sondern auch die Vitaminspeicherzustände abfragen lässt.

B) Lass einen Hormonspiegel erstellen. Hormone verändern sich ständig und wirken tiefgehend in dein System hinein. Sogar Stimmungsschwankungen können hormonell bedingt sein. Nicht nur das Haar- und Hautbild werden auch durch Hormone geprägt, sondern besonders auch der Geruchssinn, was letztlich erheblichen Einfluss auf die Partnerwahl haben kann.

C) Lass einen Urin- und Stuhltest erstellen, auch hier können unter anderem wichtige Erkenntnisse bezüglich deines Verdauungssystems gewonnen werden, die ebenfalls dein Leben tiefgreifend beeinflussen. Erinnere dich. Dein zweites Gehirn ist der Darm.

All dies sollte regelmäßig einmal im Jahr gemacht werden, um einerseits deinen Körper zu kennen, aber vor allem, um ihn und damit dein Immunsystem tiefgreifend zu unterstützen.

Die täglichen Schlüssel

1. Intervallfasten – Das bedeutet, dass du jeden Tag für einen Zeitraum von 16 Stunden keine Nahrung zu dir nimmst. Das hilft dem Körper bei einer gesunden Fettverbrennung. In den verbleibenden 8 Stunden solltest du dich ausgewogen ernähren und nicht hungern.

2. Ein regelmäßiger Schlafrhythmus - Schlaf ist ein Lebensmittel. Der Schlaf vor 23 Uhr ist essentiell für eine ausreichende, regenerierende Tiefschlafphase.

3. Trinke oft stilles Wasser - es reinigt und entschlackt den Körper viel effizienter als andere Getränke.

4. Nahrung - Iss Gemüse zu jeder Mahlzeit wie auch regelmäßig Suppen, Früchte und Nüsse. Verwende zum Süßen Allulose, Stevia und Xylitol.
Vorsicht dennoch bei Früchten. Sie enthalten Fructose, die ebenfalls Fett erzeugen kann. Mein Geheimtipp: Nasch kleine Tomaten anstelle Weintrauben und Co. Sie enthalten viel Wasser und wenig Fructose.

5. Kälteexposition - Ich empfehle täglich kalt zu duschen und gelegentliches Schwimmen in kaltem Wasser. Dieser Punkt ist sehr individuell, achte deshalb auf dein Empfinden, wenn du es

ein paarmal probiert hast. Nicht jeder Körper kann die gleiche Dosis Kälte vertragen. Entscheide selbst.

6. Tägliche Liegestütze oder andere Übungen.
Wenn du das nicht schaffst, versuche die normalen Bewegungen, die du täglich machst (beim Einkaufen etc.) ganz bewusst zu machen. Erzeuge bewusste Körper- und Muskelspannung in diesen Momenten. (Zum Beispiel indem du beim Stehen in der Schlange den Po zusammenkneifst usw.)

7. Zweimal täglich nach dem Zähneputzen mit einer elektrischen Zahnbürste Zahnseide und Zahn-Sticks für die Zwischenräume verwenden.
Frag deinen Zahnarzt nach der besten elektrischen Zahnbürste und höre nicht auf die Werbung.

8. Tägliche Meditation
Finde einen Moment der Stille, sei es beim Aufwachen am Morgen, während du noch entspannt und gewärmt von der Nacht die Stille kurz nutzt. Oder am Abend, wenn Körper und Geist schon ermüdet sind. Hier bekommst du die Kraft für alle deine Schritte, doch oft auch Visionen und Inspirationen. Gib dem Raum.

9. In einer liebevollen Beziehung leben - sich selbst wertschätzen und lieben.
Respekt und Liebe können auch in einer Freundschaft gefunden werden. Zwinge dich nicht einem Glaubensbild der perfekten Liebe entsprechen zu müssen, finde deine Form. Egal, wie sie aussieht, wenn sie voller Liebe und Respekt ist, hast du alles richtig gemacht.
Doch nur wer sich selbst liebt und wertschätzt, kann andere lieben und wertschätzen. Daher ist dies essentiell: Beschenke dich, liebe dich, lobe dich.

10. Ein Ziel haben, sich produktiv fühlen und eine Vision für die Zukunft haben.
Finde etwas, das dich inspiriert, dich beflügelt. Dein Leben und alle Hürden auf dem Weg sind leichter zu meistern, wenn du diese Vision mit dem Herzen lebst. Darin liegt unendlich viel Kraft.

11. Dankbar sein, oft lächeln und die Freude spüren.
Wertschätze das Leben und die Geschenke von Freundschaft und Schönheit in den Momenten, die du erleben darfst, ob sie kurz oder lang sind, ist nicht von Relevanz. Du gibst den Dingen die Bedeutung, die sie haben. Freude ist Balsam für die Seele und ein Perpetuum mobile für den Körper. Mit Freude (am Schaffen oder am Leben generell) erreichst du viel mehr und anderes als ohne Freude.

12. Atme tief.
Ähnlich dem Schlaf, ist auch das richtige Atmen essentiell, um dem Körper Kraft zu schenken. Tiefes Atmen an sich schon beruhigt den Geist, flaches Atmen spannt den Körper und den Geist an, abgesehen von der geringeren Sauerstoffzufuhr, die dadurch entsteht. Richtiges, tiefes und ab und zu bewusstes Atmen fördert die Konzentration, das Gedächtnis und den Verstand.

13. Bleibe wachsam.
Hinterfrage alles und jeden, der von dir fordert, dass du ihm blind folgst. Recherchiere selbst, erforsche selbst, denn so bleibt dein Geist wach und in Eigenverantwortung. Gib diese niemals an andere ab. Sie werden immer für sich, aber nur sehr selten für dich entscheiden. Daher entscheide immer selbst - nachdem du dich ausgiebig informiert hast.

14. Passive Einkommensströme aufbauen.
Nutze dein Leben immer auch dazu, um das erwirtschafte Geld für dich arbeiten zu lassen. Sei es über Mieteinnahmen (Immobilien), Aktien, Staking in Kryptos, Rohstoffe (Gold/Silber) und so vieles mehr. Erkundige dich und lausche in dich hinein, was für dich am Stimmigsten ist.
Gehe davon aus, dass das Geld, so wie du es in deinen jungen Jahren erlebst, nicht mehr den gleichen Wert haben wird, wenn du älter geworden bist. Lege es daher so an, dass es aus dieser Geldentwertung gehoben wird oder sich mit ihr vermehrt.

Danke meinem Freund Thomas für die Impulse hierzu.

Nachwort

Pass bitte auf dich auf.

Das Leben ist schnell. Das Leben ist herausfordernd, es ist laut, es ist wild, es ist hart.

Ständig wird etwas von dir gefordert. Dauernd zerrt jemand an dir, Immer ist irgendetwas.

Das Leben ist Reibung. Wenn nicht an anderen, dann in dir selbst. Nie bist du genug, nie ist es genug. Das Hamsterrad dreht sich immer und immer weiter.

Und in diesem Hamsterrad deines Seins bist du letztlich „nur" ein Energiehaufen, der eine Geschichte in sich trägt. Und nur solange du diese erzählen kannst, wird sie lebendig sein. Nur solange du sichtbare Spuren hinterlässt, wirst du von den anderen wahrgenommen, erinnert.

Das ganze materielle Sein definiert sich nur aus diesen einfachen, materiellen Parametern. Doch mit dem Ableben dieses Körpers verschwindet all das, und es bleibt nur noch der Energiehaufen (Seele) mit seiner Geschichte und den Prägungen (Erinnerungen) aus den Geschichten.

Diese deine Energie ist Teil eines großen Energiefeldes namens Kosmos. Du bist Teil davon und wirst es immer sein, so lange, bis du dich entscheidest, deine individuelle Wahrnehmung aufzugeben.

Doch bis dahin wirst du leben. Oft leben, viel leben, inten-

siv leben, oberflächlich leben, schnell leben, kurz leben, lange leben. Glücklich leben, unglücklich leben, schmerzvoll leben, liebevoll leben ... leben, leben, leben.
Und jedes einzelne Leben wird dir andere Begegnungen, andere Chancen, andere Möglichkeiten und andere Werkzeuge schenken, durch die du letztlich nur immer ein und das Gleiche tust: Wachsen durch Erfahrungen. Lernen dich selbst zu erschaffen und immer mehr zu entfalten.
Im Dauerlauf des ständigen Stirb und Werde geht es kosmisch gesehen nie um das Detail, ob du dich beispielsweise mit deinem Nachbarn um einen Baum streitest, einen Strich auf einem Gemälde falsch setzt, eine Mathematikaufgabe falsch gelöst hast, jemanden betrogen, belogen oder gar umgebracht hast. Nein, dabei geht es um etwas viel Größeres - um deinen Weg. Deine Energie. Dich als Teil des einen Ganzen, welches unzerstörbar immer miteinander verbunden ist, zu erkennen.

Die Details deiner inneren Haltung aber sind es letztlich, die für diesen Weg entscheidend sind. Denn WIE du die Entscheidungen triffst und WIE du lebst, erschafft in jedem Moment dein Schicksal.

Mach es dir nicht selbst schwerer als es ist.
Planet Erde ist wunderschön.
Der Kosmos schenkt dir den freien Willen und Bewusstheit, du bist umgeben von unendlich viel Fülle. Die einzig wirkliche

Hässlichkeit steckt in den Menschen selbst und in ihren Dramen, die sie überwiegend selbst erschaffen.
Erkenne das, erkenne dich in diesem Meer an Möglichkeiten, und finde deinen Weg durch diese Unbewusstheit und genieße.
Genieße, genieße, genieße.
Genieße das Sein.
Genieße den Moment.
Genieße den Körper, genieße die Sinnlichkeiten, die Kulinarik, das Kämpfen, das Spielen, das Wachsen und das Stehenbleiben.
Bau dir dein Leben so, wie du es magst, und hab Freude daran, so viel du magst.
Denn all das wird vergehen und nur noch als Echo in deiner Seele schwingen.
Wäge ab, mit wem du dieses kostbare Geschenk Leben teilst, wäge ab, wie du es teilst und ob, immer die Endlichkeit dieser Form, dieses Lebens, dieser Umstände im Blick.
Nichts wird ewig mit dir sein, außer du selbst.

In Liebe

Sylvia Leifheit

„Es gibt keine Grenzen, außer die unserer Wahrnehmung."
Sylvia Leifheit

WEITERE WERKE VON SYLVIA LEIFHEIT

(Leseproben und E-Book Ausgaben erhältlich)

Das 1x1 des Seins
Fachbuch - ISBN: 978-3941837478
Es gibt keine Grenzen außer die unserer Wahrnehmung. Wer bin ich wirklich? Woher komme ich und wohin gehe ich, wenn ich sterbe? Was ist Bewusstsein? Wer Antworten auf die ewigen Fragen des Seins sucht, sieht sich gerade als spiritueller Einsteiger mit einer Vielzahl von Theorien konfrontiert. Sylvia Leifheit nimmt von Kindheit an feinstoffliche Ebenen wahr und hat aus ihren Erfahrungen eine leicht verständliche Orientierungshilfe erarbeitet. Darin stellt sie die verschiedenen Welten und Wesenheiten vor und zeigt, wie man Zugang dazu findet. Unter anderem stützt sie sich dabei auf eine Neuinterpretation der Zehn Gebote sowie ein überarbeitetes Kybalion mit seinen sieben Prinzipien des Lebens. Das 1 x 1 des Seins fordert uns auf, mit den Dogmen der letzten 2000 Jahre zu brechen und auf Basis einer ganzheitlichen Weltsicht Neues entstehen zu lassen.

JAVAH
Roman - ISBN: 978-9962-702-01-6
Wenn all die Märchen unserer Kindheit eine Wahrheit erzählen, die sich nur den Eingeweihten offenbart ... wenn die Schlüssel in diese Erkenntnisse in uns schlummern ... wenn alles was wir erfahren niemals vergessen ist ... wenn jedes Gefühl ein Geschenk des Lebens ist, wenn die Gedanken keine Gedanken mehr sind, sondern die Impulse einer Helferschar an Wesenheiten um uns ... wenn die Kälte des Lebens von der Wärme der Verbundenheit verwandelt wird in ein ewiges Gefühl von Liebe ... wenn das Leben beginnt ein Spielplatz der Liebe zu werden ... wenn ein Lichtstrahl genügt, alles bisher im Dunkeln Verborgene sichtbar zu machen …….. dann erzählt Javah uns ihre Geschichte durch Raum und Zeit. „Erkenne wer Du wirklich bist und lebe alles was Du bist" - ist der leise Zauberstab hinter der Magie dieses Buches.

Interviews mit den Wesenheiten von Abadiânia (Band 1)
Sachbuch - ISBN: 978-9962-702-04-7
In „Interviews mit den Wesenheiten in Abadjania" treffen wir auf die meisten bisher bekannten Wesenheiten, die dort wirken und lernen sie durch persönliche Gespräche auf eine ganz besondere Weise kennen. Außerdem schenken uns die Dialoge mit diesen feinstofflichen Energien eine ganzheitliche Sicht auf ihre Arbeit an diesem besonderen Ort. Dabei vermittelt uns die Wesen ein breites Spektrum an Erfahrungen, die sie sowohl zu ihren Lebzei-

ten als auch bei ihren Übergängen in die anderen Bewusstseinszustände gemacht haben. Auch zu Themen wie „Religionen" oder dem „Zustand der Menschheit" geben sie uns persönlich perspektivische Einblicke. Sylvia Leifheits unvergleichliche Art, sehr menschlich zu fragen, macht es dem Leser leicht, sich vertrauensvoll für die unerwarteten Botschaften aus dem Jenseits zu öffnen. Wer bereit ist, kommt hierdurch nicht nur in Kontakt mit seiner Seele, sondern lernt auch, diese zu heilen. Egal an welchem Ort dieser Erde.

Einweihung in die Geheimnisse des Kosmos (Band 1)
Sachbuch - ISBN: 978-9962-702-15-3
Mit „Einweihung in die Geheimnisse des Kosmos" startet Sylvia Leifheit ihre Buchreihe „EINWEIHUNG". Für manche ist es die „Bibel der Energetik", für andere ein Nachschlagewerk zu Fragen nach wichtigen kosmischen Abläufen. Es ist eine Einweihung in die Erkenntnisse einer Seele, welche dieses nahezu unendliche Wissen über viele Inkarnationen auf unterschiedlichen Planeten gesammelt hat und in diesem Buch mit der Menschheit teilt. Durch die Beschreibung des Zustands der Menschheit, der Gesetzmäßigkeiten des „freien Willens", der Bedeutung von Leid, Verunreinigung und Bewusstsein, über die Erfahrung der Kraftlosigkeit bis hin zur Einweihung in den Ablauf der Reise einer jeden Seele über mehrere Inkarnationen werden die Wechselwirkungen von Aktion und Reaktion klarer verständlich. Darüber hinaus widmet sich das Buch den praktischen Fragen des

Menschseins. Es behandelt Fragen zu den Themen Beruf, persönliche Verwirklichung, Familie, Geburt und Übergang. Durch Sylvia Leifheit`s mediales Talent der Psychographie, verbunden mit Ihrer Neugier und unendlichem Wissensdurst, erlebt der Leser in Form von Dialogen eine der ungewöhnlichsten Reisen zu sich selbst. Negative Glaubensmuster, religiöse Dogmen, fest etablierte und unbewusste Handlungsweisen, vieles, was uns bisher fesselt - verlieren durch die Antworten aus der Ewigkeit ihre oft lähmende Bedeutsamkeit im Jetzt. Der daraus resultierenden Weckruf deiner Seele erschafft eine ganz neue und viel bewusstere Form deines Seins.

Einweihung in den energetischen Jahreskreis (Band 2)
Sachbuch - ISBN: 978-9962-702-17-7
Viele Feste, die wir während eines Jahres feiern, haben einen sehr alten und dadurch oft in Vergessenheit geratenen Ursprung. Die Überlieferungen deuten auf einen Kreislauf der Energien auf unserer Erde hin, der viel tiefer wirkt, als wir bisher glaubten. Was genau passiert zum Beispiel mit der Seelenkraft in uns zu Weihnachten? Oder wie können wir uns die Energetik der Osterzeit zu Nutze machen ? Wie wirken die Werkzeuge der Feinstofflichkeit zur Sonnenwende und was verändert diese im Zusammenspiel mit den irdischen Kräften im Laufe eines Jahres? Diesen und noch vielen anderen Fragen widmet sich Band 3 der Reihe „Einweihung ". In diesem Buch lernen wir die Feste der Menschen aus einer anderen Perspektive zu betrach-

ten und mit diesem Wissen noch bewusster unser Leben zu gestalten, indem wir u.a. die Zeichen für das Aufsteigen und Abnehmen der Lebensenergien erkennen.

Einweihung in Geburt und Tod (Band 3)
Sachbuch - ISBN: 978-9962-702-19-1
Die zwei größten Rätsel im Leben eines Menschen stehen am Anfang und am Ende seines Weges. Die Geburt und der Tod. Der Schritt in und aus dem Unbekannten ist es, was uns Menschen Angst machen kann. Diese Angst ist unbegründet, wenn wir erkennen, dass diese Momente ganz natürlichen Abläufen folgen. Wie das Ein- und das Ausatmen des Körpers, so entsprechen die Übergänge in das Leben und aus dem Leben, einem Ein-und Ausatmen der Seele. Die Einweihung in das uralte Wissen über die Prozesse der Übergänge hilft uns einmal mehr, unsere Sicht auf ein neues beginnendes Leben wie auch auf das endende Leben zu klären. Hinter all dem verbirgt sich eine noch tiefere Erkenntnis für das Sein, die jeder nur durch diese Schulung in sich erfahren und erleben kann. Dieses Buch ermöglicht uns auf eine praktische, nie dagewesene Art und Weise den Schleier dieser Ungewissheiten zu lüften. Auch dieses Werk von Sylvia Leifheit, ist ein Aufruf an uns, bisherigen Glaubensmuster zu überwinden und sich für eine ganz andere tiefere Wahrnehmung zu öffnen - die Begegnung und Kommunikation mit unserer Seele, die alle Zeit überstehen und nie vergehen wird.

Einweihung in die Lebensweisheiten König Salomon's (Band 4)

Sachbuch - ISBN: 978-9962-702-25-2

Mit dem Buch Einweihung in die Lebensweisheiten König Salomons legt Sylvia Leifheit ein weiteres Buch der Einweihungsreihe vor, welche sie mit dem Werk Einweihung durch die Wesenheiten in Abadiânia begonnen hatte. Bereits in Abadiânia zeigte sich ihr eine Präsenz, die in ihrer letzten Inkarnation als König Salomon auf der Erde wirkte. Diese Begegnung war so intensiv, dass Sylvia dieser besonderen Wesenheit eine entsprechende Plattform bieten will, durch die die Größe und die Kraft dieser Seele ausreichend übermittelt werden kann. Sie enthüllt dabei nicht nur viele weitere nützliche Lebensweisheiten dieser einzigartigen Existenz, sondern auch, dass die Seele König Salomon selbst Kontakt zu Lehrern hatte, welche ihr die Einsichten in die Gesetze des Kosmos schenkten. Dieses Wissen konnte er dank der seltenen Macht eines Königs im Umgang mit seinem Volk und seinen Mitmenschen vielseitig anwenden. Dadurch wurde er in seiner Zeit zu einem Vorbild an Wissen, Weisheit und Güte. Die Botschaften, die Sylvia Leifheit von König Salomon erhalten hat, zeigen dementsprechend zugänglich Einsichten in die Abläufe des Lebens, welche dem Leser mit jeder Zeile vor Augen führen, dass hier ein Geistwesen spricht, das mitten im Leben gestanden ist und dabei sehr verbunden mit den kosmischen Kräften wirkte.

Einweihung in die Kartografie der feinstofflichen Welten (Band 5) Sachbuch - Teil 1: ISBN: 978-9962-702-32-0
Teil 2: ISBN: 978-9962-702-33-7

Wir studieren die Gesetze der Natur und vertrauen auf sie. Warum sollte es bei den feinstofflichen Gesetzmäßigkeiten anders sein. Sylvia Leifheit widmet sich in ihrer Buchreihe Einweihungen dem für uns Unsichtbaren, dem was wir Feinstofflich nennen, um so nach und nach genau dieses Vertrauen auch in die andere Natur zu wecken. Denn sie ist genauso Teil eines großen Systems, von dem wir aber bisher nur das mit unseren bekannten Werkzeugen messbare kennen. Damit hebt sie den Schleier genau dort, wo alle Glaubenslehren unserer Vergangenheit und Gegenwart die Unwissenheit der Menschheit durch Angst, Unterdrückung und Manipulation missbrauchen, anstelle den Menschen dieses Wissen zur Verfügung zu stellen. Die Autorin und ihre Lehrer beenden diese Unterjochung indem sie uns - aufbauend auf die vorherigen Werke der Einweihungsreihe - in mehreren aufeinanderfolgenden Schritten in die Welt der seelischen Wahrheiten einweihen. So werden wir beim Lesen Schritt für Schritt durch die feinstofflichen Ebenen geführt und können mitfühlen, mitdenken und miterleben, wie unendlich weise der Kosmos seine Struktur erhält. Diese Erkenntnis und das bewusste Wachsen in diesen feinstofflichen Welten ist der Grundbaustein unseres Bewusstwerdens, in dem die Seele für ihr jetziges Leben wie für viele weitere Leben eine Heimat des Lernens gefunden hat.